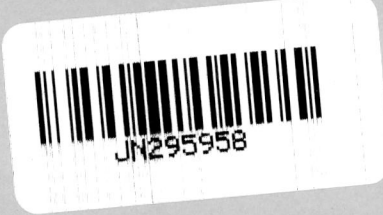

赤ちゃんがよろこぶ シンプル・プレイ100

ねえ あそんでよ

ペニー・ワーナー 著

親子共室「ぬくぬくだっこらんど」主宰
白梅学園大学・短期大学非常勤講師
頭金 多絵 監修

上田 勢子 訳

法研

はじめに

頭《とう》金《きん》 多絵

●子育てってなんだろう？

子育てってなんだろう？　二十数年間にわたり親として保育士として、子どもたちの成長を見守りながら、ずっと考えてきました。

子育てって草花を育てることとすごく似ているなと感じます。私も好きでいつも花を育てていますが、草花を育てることを子育てにたとえるとものすごくわかりやすい。どんな花にもそれぞれ個性がありますよね。芽吹く時も成長するスピードも全然ちがうし、花を咲かせる様子を見ても、成長が早くてつぎつぎ花を咲かせるもの、ゼラニウムのように年中花を咲かせているものがあるかと思えば、カタクリのように何年も何年もじっくりかけて、とてもすてきな花を咲かせるものもあります。そういうことを見ても、赤ちゃんにもそれぞれ個性があって、ゆっくりはゆっくりのままでいい、というよりは、そのスピードがその子にとって大事なんですね。カタクリの花は、あの時間をかけなければ咲きません。

子育てもそういうことにたとえて言うと、芽吹く時もひとりひとりちがうし、花を咲かせる時もちがいます。そして、それぞれの花は、その子自身のなかからわいてくる力で咲くんですね。

咲くために必要な水、そして時に応じて必要な肥やしをあげるとか、ちょうどよくお日様にあててあげるといったサポートをするのが、子育てで考えると、パパ、ママをはじめとする家族やまわりにいる人たちなのかなって思います。でも早く咲いてほしいからといって、どんどん水や肥やしをやりすぎると、それに耐えられず根腐れして花を咲かせる前につぶれていってしまう。だからといって、いつも暗いところに置いたままにしておけば、なんとか育つけれどもヒョロヒョロと弱々しく頼りなげに育ってしまう。

草花を育てる時には、「きれいだなぁ」とか「かわいい芽が出たね」「つぼみがふくらんできたね」とか、そういうところを喜ぶことが楽しいし大事ですよね。

子育ても同じです。「あぁ、ほほえんだよ」とか、「お手てをあげるようになったね」というひとつひとつを楽しみながら見ていると、「かわいいねぇ、かわいいなぁ」という気持ちも増してくるものです。赤ちゃんの成長を楽しみながら一緒にすごす毎日のなかで、自然にそういうところから、「この子はどんなことを喜ぶんだろう？」とか「こんなことが好きみたい」「こんなふうにさわってあげたら喜んだ」といった発見があり、そこから遊びは生まれてくると思うのです。

●パパ、ママもゆっくり・あせらず・楽しんで

この本を手に取りながら、「あぁ、いまこの遊びがちょうどいいかもしれない」など思いつつ、紹介されているさまざまな遊びのなかからヒントをもらって、ちょっとやってみる。説明どおりでなくてもかまわないし、ひとつでも「これ、できそう」「楽しそう」「やってみたいな」と思ってもらえたらいいな、楽しみながら使ってもらえたらいいなと思います。とにかくためしにひとつ一緒にやってみる。実際やってみて、楽しいなと感じられれば、「なにかをして遊ばせなくちゃ」とか、「どうやって遊ばせればいいのかわからない」とか、いままでモヤモヤと悩んでいた気持ちが少し楽になるでしょう。

ゆっくり親になっていけばいいと思うんです。最初から立派なパパ、ママ、遊ばせじょうずな親でなくていい。親であることはじょうず・へたではないですし、赤ちゃんがなにを喜ぶのかも、ひとりひとりちがうのですから。

ぜひ、「絶対に書いてあるとおりに、なにがなんでもやりましょう」というのではなくて、本書をひとつの参考にしながら“目の前のわが子から”どうやって遊んだらいいのかを教わってほしいと思います。ひとつでもこれが気に入った、好き、とても喜んでくれるというものがあったら、もう毎日毎日繰り返していい。赤ちゃんの様子を遊びながら見て、「これは好きじゃないな」「楽しんでいないな」「やりたがってないな」と思ったら無理しない。いつでも「なんだろう？」「おもしろそう」「さわってみたい」といった赤ちゃんの興味、動機を基本にして、パパ、ママも心から楽しみながら遊んでほしいと思います。大丈夫、わからないことはかならず赤ちゃんが教えてくれますよ。

著者のことば

ペニー・ワーナー

遊びの3つの原則

人が人生のなかでもっとも成長し発達するのは、生まれてから2歳、3歳になるまでの数年間です。お母さんのおなかにいる時をのぞいて、人がこれほど成長し、変化し、急速に学ぶ時期はほかにありません。大事な時期だからこそ、パパやママ、保育士や先生方は、赤ちゃんに適した刺激のある環境をあたえ、赤ちゃんの成長の可能性を最大限にひきだすようにしたいものです。そんな赤ちゃんについて、いつもおぼえていたい3つの原則があります。

1　赤ちゃんは遊びをとおして学びます。

2　赤ちゃんにとって最高のおもちゃは、パパやママです。

3　赤ちゃんと楽しく遊びましょう。

パパ、ママにちょっとしたアイデアとクリエイティブな材料、そして楽しむ時間、これさえあれば大丈夫です。

本書の構成

本書には赤ちゃんの発育をうながす100の遊びが紹介されています。どれも子どもの発育の専門家が推薦するものばかりです。近年、乳幼児の学習と発育について研究が進み、子どもの可能性を最大限にひきだす楽しい方法がわかってきました。私は20年にわたって児童発育分野の講師として経験を積んできました。そのなかでわかったことは、親も赤ちゃんと遊びたがっているということです。でもその方法がわからない人が多いのです。本書はつぎのようなわかりやすい構成になっています。

＊遊びの適正月齢
＊遊びに必要な身近なもののリスト
＊遊び方の手順
＊もっと楽しみたい人のためのバリエーション
＊赤ちゃんがけがをしないための注意
＊赤ちゃんが遊びながら学ぶこと
（日本語版には赤ちゃんのひとり言がつけられています）

赤ちゃんが遊びから学ぶこと

赤ちゃんと本書の遊びを楽しむ時、つぎのようなことを心にとめておいてください。

- **五感を通じて学びます**……赤ちゃんが見たり聞いたり、味わったりさわったり、かいだりできるように、刺激になるものをたくさんあたえてあげてください。そして最高のおもちゃは、五感すべてを刺激するもの、そうパパやママなのです！
- **まねから学びます**……赤ちゃんはみんなのしていることをまねしたがります。遊ぶ時はまず親が表情豊かに楽しそうにやってみせて、赤ちゃんにまねをさせましょう。年上の子どもにお手本をしめしてもらうのは、さらによい方法です。
- **さまざまな遊びから学びます**……遊びをとおして、赤ちゃんは自分の感情や自分を取りまく世界、そして自分にとってなにがこわいのかなどについて学びます。
- **繰り返すことで学びます**……赤ちゃんは同じ遊びを繰り返すのが大好きです。かんたんな遊びからはじめましょう。赤ちゃんの合言葉は「もう1回！」です。
- **経験をとおして成長していきます**……赤ちゃんは周囲の人のしていることを見ながら遊びをおぼえ、自分でもしてみようと思うようになります。いろいろな経験をさせてあげましょう。できない時だけ手を貸してあげればいいのです。
- **言葉を通じて学びます**……遊びながら赤ちゃんに話しかけてください。なぜこのようなことをしているのか説明してあげましょう。言葉遊びも赤ちゃんは大好きです。
- **自分のペースで進歩します**……遊びを押しつけたりあたえすぎたりしないようにしましょう。赤ちゃんのペースに応じて新しいチャレンジを加えていきましょう。
- **自信を持つと能力を発揮します**……遊びながら赤ちゃんをたっぷりほめたり、はげましたりしましょう。問題を解決したり発見したり学習するのを見守りましょう。

なによりも大切なのは、赤ちゃんはパパやママと遊びたがっているということです。さあ、ページをめくってはじめましょう。赤ちゃんと一緒に楽しく遊びましょう！プレイタイムのはじまりです！

もくじ

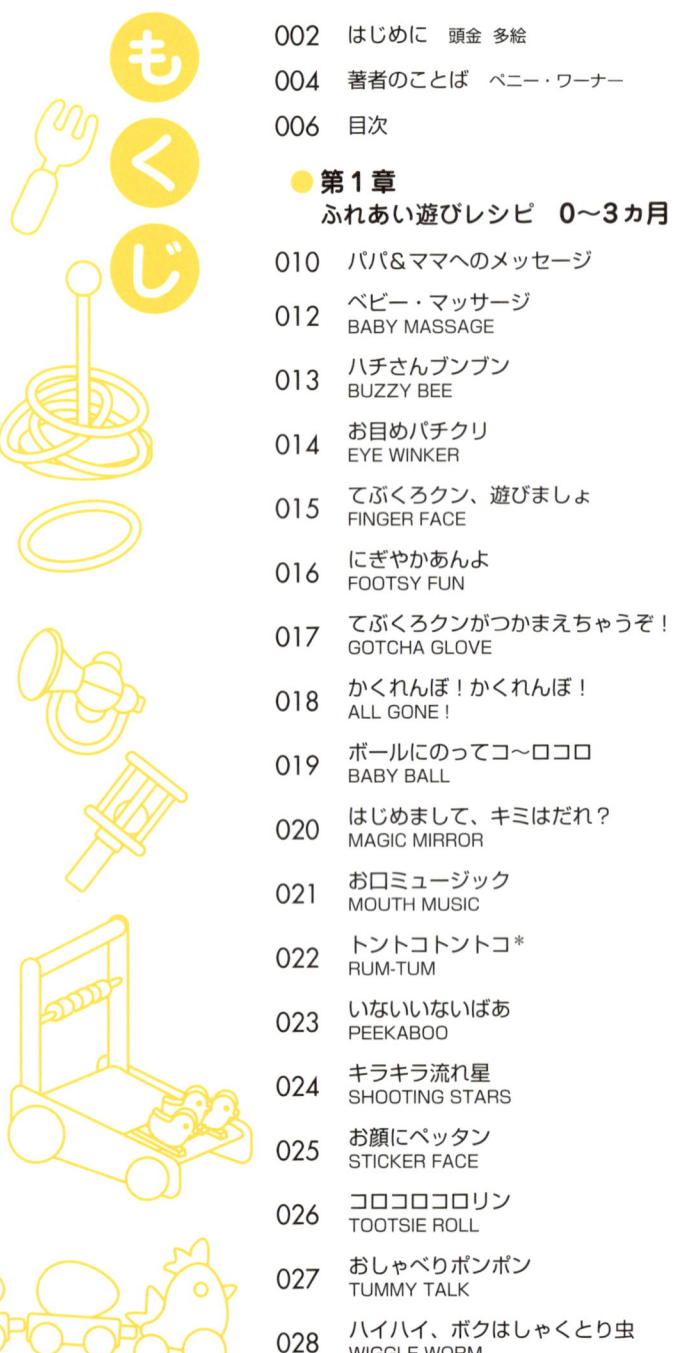

第３章 ふれあい遊びレシピ　6〜9ヵ月

第４章 ふれあい遊びレシピ　9〜12ヵ月

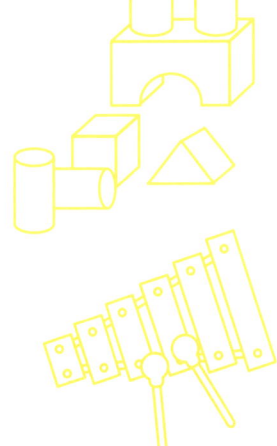

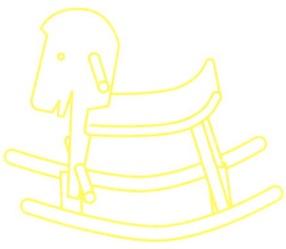

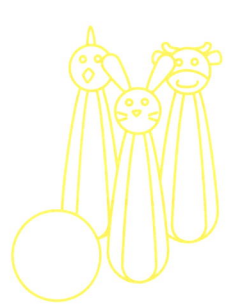

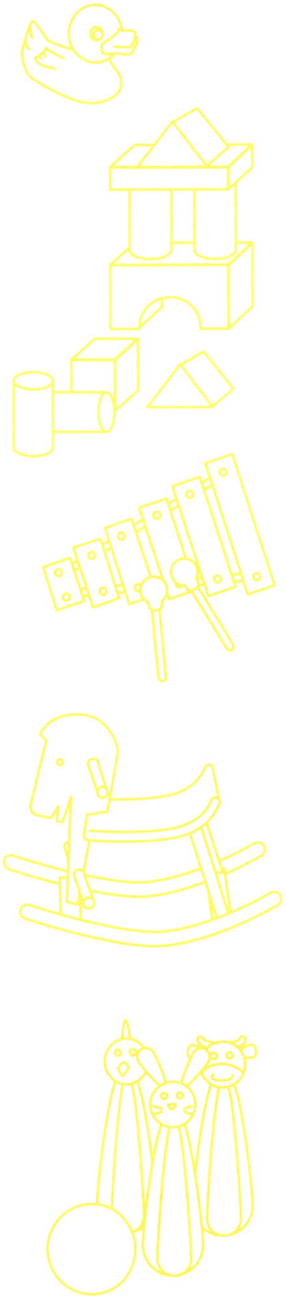

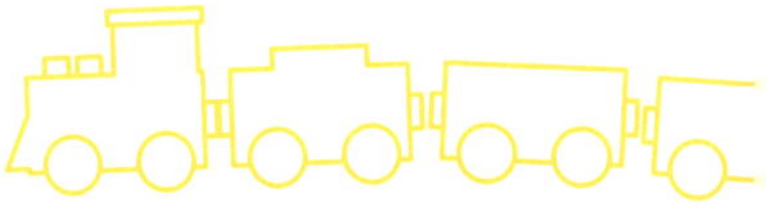

＊印は日本の子育て環境に合わせて新規収録しました。

各章の月齢はおおよその目安です。赤ちゃんの成長段階や体調にあわせ、安全に実践してください。

0 to 3
months

第1章

ふれあい遊びレシピ
0〜3ヵ月

パパ＆ママへのメッセージ

●赤ちゃんもパパ、ママも不安、だけど大丈夫！

10ヵ月もの間、なんだか暗いけど温かくて安心できるママのおなかのなかにいた赤ちゃんは、この世界に出てきたばかりのいま、不安が大きいと言われます。身のまわりのすべてがはじめての刺激ばかりですから、無理もないことですね。すべてはじめての刺激ばかりの世界に私たちが連れていかれたら、きっとそこにいるだけで緊張し、疲れ果ててしまうのではないでしょうか。そんなことを想像すると「赤ちゃんて、たいしたものだなぁ」とあらためて感心してしまいます。

でも、生まれたばかりの赤ちゃんはただ寝ているだけですから、いったいどうやって声をかけてあげたらいいのか、と戸惑いを感じることも多いでしょう。人間らしい反応があらわれるのは、もうしばらく先ですから、なれるまではちょっとたいへんかもしれません。たしかに赤ちゃんはまったくなにもわからないように見えますが、じつは生まれた瞬間からさまざまな刺激を感じて反応し、成長をはじめています。そのことを理解することさえできれば、「この子はいま、ここにこうしているだけでいいんだ」と思えるのではないでしょうか。「なにをしてあげたらいいんだろう？」と気負わなくても大丈夫。あまりあれこれと考えすぎるのはストレスになってしまいます。気楽にいきましょう。

●大人の言葉は理解できなくても聞いてるよ

言葉かけも「なにか意味のあることを言わなくちゃ」なんて考える必要はありません。ひとり言のように「今日のご飯はなににしようかな？　パパの好物はなんだったかな？」とか「ママ、のどが乾いちゃったな。コーヒーにしようかな……。ちがうものにしようかな」というような、赤ちゃんに直接関係のないことでもいいのです。まだ赤ちゃんは言葉の意味は理解できませんが、生きていくために必要なお世話をしてくれるパパ、ママがここにいて声をかけてくれる。そしてその声が心地よく聞こえてくるというのが、いちばん大切なことなのです。

「赤ちゃんにとって遊びってなぁに？」という疑問を持っているパパ、ママもたくさんいるでしょう。でも大人が考えるような「遊び」というくくりは、赤ちゃんにはありません。この時期の赤ちゃんは、見ることも聞くこともさわられることも、ぼんやりとした感覚で、しかも感覚のひとつひとつが分化されていない状態。ですから全部いっしょくたの感覚として、からだ全体で受けとめている……ちょっと不思議な時期なんですね。だから、なにかを歌ってあげなければとか、なにかをして遊んであげなければという発想ではなくて、なんとなくさわってあげたり、声をかけてあげたりということを繰り返していく。そのなかで、赤ちゃんもさまざまな感覚を分化させていくのです。

視覚がまだ十分に発達していない赤ちゃんに見えるのは、だいたい30センチメートルくらいの距離まで。おっぱいをあげる時のママと赤ちゃんの顔の距離と同じです。だから、それくらいの距離まで顔を近づけて話しかけてあげたり、なにかを見せてあげる。そうしたかんたんで単純な刺激の繰り返しが、十分、遊びになっているのです。

●ママ！　さわって、抱っこして、動かして！

生活のなかには赤ちゃんとふれあう機会がたくさんあります。そっと抱っこしてあげる、おっぱいの時に背中をトントンしてあげる、おむつがえの時に足や腕を動かしてあげる、姿勢をかえてあげるなど、こうしたふれあいが、運動神経を発達させ、運動機能を獲得していくための大事な準備になるのです。赤ちゃんがからだ全体で感じとった刺激は、かならずつぎのステップに進む足がかりになっていきます。本来の成長段階を無視し先走ってなにかをするのではなく、その時々のからだの機能をぞんぶんにいかしてあげることがなによりも大切です。第1章で紹介した遊びはそうしたことに配慮しています。ぜひ、パパ、ママもリラックスして、赤ちゃんと一緒に楽しんでみてください。　（頭金　多絵）

ベビー・マッサージ

BABY MASSAGE

生まれた直後から赤ちゃんは、からだをさわられていることがわかります。そんな赤ちゃんがはじめて経験するのは、パパ、ママにそっと抱っこしてもらう感覚です。こうしたからだを伝わってくる刺激は、赤ちゃんの成長にとても大切なもの。ぜひやさしい手で赤ちゃんをマッサージしてあげましょう。

必要なもの

- やわらかいバスタオルかおくるみ
- ベビーオイル

遊び方

1. かたくない床にバスタオルかおくるみを広げます。
2. 赤ちゃんをはだかにして、腹ばいに寝かせます。
3. ベビーオイルを少量手につけて、手をこすりあわせてオイルを温めましょう。
4. 赤ちゃんの首から肩へ、つぎに腕から手へ、背中からおしりへ、そしてふとももから足へと、やさしくマッサージします。強すぎたり弱すぎたりしないよう手かげんしてください。
5. 今度は赤ちゃんを仰向けにしてマッサージしましょう。

バリエーション おっぱいをあげている時、お風呂に入れている時、公園で座っている時など、いつでも手足をマッサージしてあげましょう。オイルを使わなくてもOKです。

! 注意 タオルなどで赤ちゃんの繊細な肌がこすれないように、マッサージはそっとやさしく。オイルを使う場合は赤ちゃんがかぶれないかたしかめましょう。また目にオイルが入らないよう、顔は避けてください。

赤ちゃんはどんなことを学ぶの？

- **からだの認識**「からだのあっちこっちが気持ちいいな」
- **触感**「ママの手ってやわらかい。パパの手は少しごつごつしているな」

ハチさんブンブン

BUZZY BEE

赤ちゃんは生まれてすぐに五感を通じていろいろなことを学びはじめます。生まれたばかりの赤ちゃんは音は聞こえますが、まだどちらから聞こえてくるのかはわかりません。この「ハチさんブンブン」は、音のしてくる方向を聞きわけるようになるための準備になります。また、赤ちゃんは遊びながら頭やからだの動かし方も学んでいきます。

必要なもの

- やわらかいおくるみ
- パパ、ママの口
- パパ、ママの指

遊び方

1. おくるみの上に赤ちゃんを仰向けに寝かせます。
2. 赤ちゃんに声がよく聞こえるように、そばに座ります。
3. パパ、ママの指をハチに見立てて、「ブンブン」と言いながら赤ちゃんの近くを飛びまわります。高音や低音、いろいろな羽音のハチさんになってみましょう。
4. 時々「ハチさんブンブン！」と言って赤ちゃんのからだを指で軽くさわります。
5. 赤ちゃんのからだのあちこちにとまりながら繰り返します。

バリエーション 「ブンブン」と言いながら頭を動かすと赤ちゃんもその方向に目を向けます。腹ばいに寝かせてもできます。この時、赤ちゃんからはハチさんが見えないので、からだにとまるとちょっとびっくり、大喜びです。

注意 赤ちゃんにふれる時は軽いタッチで。羽音もあまり大きいと赤ちゃんをおどろかせてしまいます。赤ちゃんがこわがるようなら、ゆっくりしましょう。

赤ちゃんはどんなことを学ぶの？

- **頭と首のコントロール**「ハチさんを追っかけてたら頭が動いちゃったよ」
- **音のする方向の認識**「ハチさんはどこから飛んでくるのかなぁ」
- **触感**「わっ、今度はおしりにとまったよ」

0 to 3 months

お目めパチクリ

EYE WINKER

顔というのは、からだのさまざまな部分を教えてあげるのにうってつけです。お鼻、お口、お目めはどこにあるのかな？　どんなことをするのかな？「お目めパチクリ」で繰り返し遊びながら教えてあげましょう。

必要なもの

・赤ちゃんの顔
・パパ、ママの指

遊び方

1 赤ちゃんをひざにのせて向きあいます。

2 赤ちゃんの顔をさわりながら、リズムをつけてこんなふうに言ったり歌にしてみたりしましょう。

（そっとまぶたをさわりながら）「お目めパチクリ」

（鼻のてっぺんをそっとさわって）「お鼻はクンクン」

（下くちびるをさわりながら）「お口はパクパク」

（あごをそっと下に押しながら）「あごはカミカミ」

（首にそって指をさげながら）「のどはゴックン」

（指をおなかまで走らせて、そっとくすぐりながら）「おなかはコチョコチョ！」

（おでこをさわりながら）「ドアをトントン」

3 繰り返して遊びましょう。

バリエーション
（まぶたをそっとあげながら）「だれだろう、のぞいてみよう」
（鼻をそっと押しあげながら）「カギをあけてよ」
（2本の指を下くちびるにはわせながら）「どうぞ、お入り」

注意 **くれぐれも赤ちゃんが痛がらないように、そっとふれましょう。**

赤ちゃんはどんなことを学ぶの？

●**顔やからだの部分の認識**「ここがお目め、ここがお口、わかってきたよ」
●**触感の楽しみ**「お鼻、ツンツンされちゃった」

てぶくろクン、遊びましょ

FINGER FACE

赤ちゃんはなによりも人間の顔を見るのが大好きです。表情豊かな目や鼻や口が赤ちゃんの興味をひくのでしょう。そこでこんなてぶくろ人形を作って、赤ちゃんをたっぷり楽しませてあげましょう。赤ちゃんはもう、てぶくろクンに釘づけです。

必要なもの

- 毛糸のてぶくろ、または軍手
- はさみ
- カラー・フェルトペン

遊び方

1. てぶくろの指先の部分を切りとります。
2. 手のひらの部分にフェルトペンで顔を描きましょう。目と口を大きくカラフルに、楽しい顔を描いてください。
3. てぶくろを手にはめます。
4. 赤ちゃんをひざにのせて、てぶくろクンの顔を見せましょう。
5. 指を動かすとてぶくろクンの表情が変わります。赤ちゃんと一緒にてぶくろクンとおしゃべりしたり歌ったりして遊びましょう。

バリエーション 顔に糊で目玉を貼りつけたり赤いフェルトを口にしたり、毛糸で作ったポンポンを鼻にすれば、立体的な楽しい顔になります。

注意 赤ちゃんはなんでも口に入れたがります。
てぶくろクンの目、鼻、口は取れないように、しっかりつけておきましょう。

赤ちゃんはどんなことを学ぶの？

- **集中力**「てぶくろクンとにらめっこだ」
- **顔の認識**「これがてぶくろクンのお目めだね」

にぎやかあんよ

FOOTSY FUN

赤ちゃんは生まれた時から、手足の動かし方を学びはじめます。でも、まだ赤ちゃん特有の反射作用が起きたり、からだのバランスがとれないので、なかなかうまくできません。「にぎやかあんよ」で遊びながら、からだのコントロールを練習しましょう。

必要なもの

- カラフルなベビーソックス（足首の部分がしっかりしているタイプ）
- 小さい鈴や軽いガラガラ、カラフルでやわらかい小さいおもちゃなど
- 針と糸
- やわらかいおくるみ

遊び方

1. 赤、青、黄色などカラフルなベビーソックスを用意します。
2. 小さい鈴、軽いガラガラ、小さくてやわらかいおもちゃなどを、ソックスの足首のところに縫いつけます。
3. おくるみの上に、赤ちゃんを仰向けに寝かせ、ソックスをはかせます。
4. 赤ちゃんがソックスについたおもちゃで遊ぶのを一緒に楽しんでください。

バリエーション ソックスのかわりに小さいミトンに縫いつけて「にぎやかお手て」にするのもいいアイデアです。

注意 鈴などは取れないようにしっかり縫いつけ、ゆるんでいないか時々チェックしましょう。先がとがったものなど、口に入れると危険なものは使わないでください。赤ちゃんから目を離さないことが大切です。

赤ちゃんはどんなことを学ぶの？

- **目と手、足の運動コーディネーション**「にぎやかあんよはどっちかな？　見てみよう」
- **からだのコントロール**「右あげて左あげて。なんだかおもしろいな」
- **目でものを追うスキル**「足を動かすと鈴があっちこっちに動くぞ」

てぶくろクンがつかまえちゃうぞ！

GOTCHA GLOVE

0 to 3 months

赤ちゃんはサプライズが大好きです。でも、くれぐれもこわがらせないこと！「てぶくろクンがつかまえちゃうぞ！」は楽しいサプライズごっこ。「つかまえた遊び」はどの国の赤ちゃんも大好きな遊びです。ここでは、ゆかいなてぶくろクンを作って、とびきりおもしろくしてみました。

必要なもの

・やわらかい庭仕事用のてぶくろ、または軍手
・てぶくろくらいの大きさのやわらかい動物おもちゃ
・針と糸
・やわらかいおくるみかベビーチェア

遊び方

1. てぶくろの甲に小さい動物のおもちゃを縫いつけます。
2. 赤ちゃんをおくるみの上に仰向けに寝かせるかベビーチェアに座らせます。
3. パパ、ママの手にてぶくろをはめます。
4. 指を動かすと動物が動きだします。赤ちゃんに動物がよく見えるようにしてあげましょう。
5. 動物の鳴き声をまねて、赤ちゃんの気をひきます。
6. 突然、「つかまえた！」と言って、てぶくろで赤ちゃんの足やおなかや腕などをつかみます。
7. コチョコチョッとくすぐって、またはじめから繰り返しましょう。

バリエーション てぶくろクンをふたつ作って両手にはめて遊びましょう。マジックテープを使えば、いろいろな動物につけかえることができます。

注意 赤ちゃんがこわがるようなら動きをゆっくりにして、静かに語りかけてみましょう。遊んでいる時のパパ、ママの笑顔もとても大切な要素です。

赤ちゃんはどんなことを学ぶの？

●つぎの出来事への期待感「てぶくろクンがつかまえにきそうだな……」
●感情表現「サプライズ！　くせになっちゃうおもしろさ」
●信頼感「てぶくろクンは痛いつかまえ方はしないから大丈夫」

かくれんぼ！かくれんぼ！

ALL GONE !

生まれたばかりの赤ちゃんにとって、まわりの世界はめずらしいものばかり。起きているかぎり、ほとんどの時間を“新しい世界の発見”に費やしています。この遊びをとおして、赤ちゃんに“世界の発見”を体験させてあげましょう。パパやママも赤ちゃんと一緒に新しい世界を観察してみましょう。

必要なもの

・カラフルなやわらかい素材のおもちゃ
・大きめの箱かプラスティック容器
・タオルかおくるみ

遊び方

1. おもちゃをいくつか、箱や容器のなかにかくします。
2. 箱からおもちゃをひとつずつ取りだし、顔のそばに近づけて赤ちゃんの興味をひくように話しかけてみましょう。
3. 赤ちゃんがおもちゃを見ている間に、おもちゃにタオルかおくるみをかぶせます。それに合わせて、「かくれんぼ！かくれんぼ！」と言います。
4. 少し間をおいて、笑顔で「ほ～ら、あったよ！」と言いながら、覆いをはずしておもちゃを見せてあげてください。
5. 用意したべつのおもちゃで繰り返します。

バリエーション おもちゃを赤ちゃんから見えないところにかくしてみましょう。赤ちゃんが「おもちゃ、どこ？」というような反応をしたら、出して見せてあげましょう。

注意 赤ちゃんがあまりのり気でない時は、かくす動きが早すぎるのかもしれません。よくわかるように動作をゆっくりにしてよく見せてあげてください。あまり長い時間おもちゃをかくさないようにするのがコツです。

赤ちゃんはどんなことを学ぶの？

- **認知力と思考力**「いま見えているのは、大好きなおもちゃだな！」
- **つぎの出来事への期待感**「あれ、おもちゃがかくれちゃった。つぎはどうなるの？」
- **ものの永続性と安定性**「かくれんぼしたおもちゃは消えてなかったんだね」

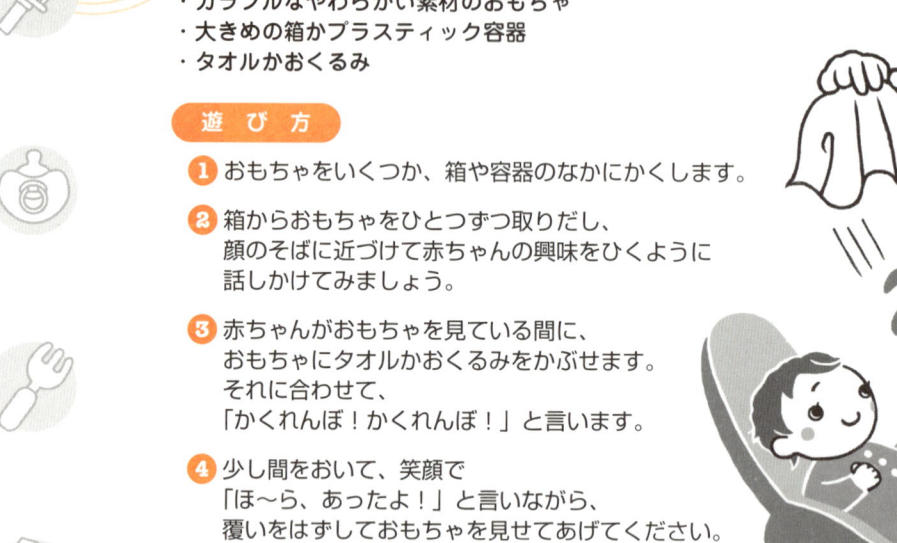

ボールにのってコ〜ロコロ

BABY BALL

0 to 3 months

生まれたばかりのこの時期の赤ちゃんにも運動は必要です。「ボールにのってコ〜ロコロ」は、全身の血流をよくし筋力や柔軟性をやしないます。赤ちゃんがこれから先、さまざまな動きをつかさどる運動神経を発達させ、からだの動きのコントロールを学ぶのにとても役立ちます。

必要なもの

・直径60センチメートルから1メートルくらいの大きなボール
（おもちゃ屋さん、スポーツ用品店、教材をあつかっているお店などで求めましょう）
・カーペットマット（広いスペースが必要です）

遊び方

1. ボールに寄りそった時にからだが滑らないように服を脱がせておむつだけにします。
2. カーペットマットを敷いた床の真ん中にボールを置きます。
3. パパ、ママはボールの手前に座って、赤ちゃんをボールの向こう側に立たせます。両腕を持ってささえてあげましょう。
4. しっかりささえながら赤ちゃんがボールの上に覆いかぶさるようにします。からだが滑り落ちてしまわないよう十分注意しましょう。
5. ボールにのせたまま、前後左右に赤ちゃんをゆっくり動かしてあげます。

バリエーション 空気を少し抜いたボールでためすと、またちょっとちがった感覚が楽しめます。ボールがない場合はクッションやまくらを使ってみましょう。

注意 赤ちゃんがボールから落ちないようにしっかりささえてください。赤ちゃんがこわがらないようにボールも赤ちゃんもゆっくり動かします。赤ちゃんが安心感を感じることが信頼関係の基本になります。

赤ちゃんはどんなことを学ぶの？

- **からだの動きのコントロールと柔軟性**「ユラユラしながら力が入ったり抜けたりするよ」
- **空間の感覚**「いつもとちがうフワフワとした世界は楽しいな」
- **信頼感**「ママ、パパがささえてくれるから、こわくないよ」

はじめまして、キミはだれ？

MAGIC MIRROR

はじめて鏡を見た赤ちゃんは、知らない人を見てびっくり！　最初は「キミはだれ？」と感じますが、鏡のなかの赤ちゃんやパパ、ママと遊ぶのがだんだん好きになります。鏡がうつしだす世界は赤ちゃんにとって、とてもワクワクするものです。

必要なもの

・赤ちゃんの全身がうつる鏡（動かせるもの）
・帽子や人形や布などの小道具

遊び方

1. 赤ちゃんの全身がうつる鏡を壁に立てかけます。
2. 鏡の前で、赤ちゃんをひざにのせて座ります。
3. まず鏡がどんなものか、赤ちゃんにさわらせてあげましょう。
4. 鏡のなかで手をふったり変な顔をしたり頭を動かしたりして、赤ちゃんに見せましょう。
5. 帽子や布を赤ちゃんの頭や自分の頭にのせてみましょう。人形をうつしたりしてもよいでしょう。
6. 遊びのおわりに赤ちゃんのからだの部分をひとつずつさわってお話ししましょう。

バリエーション　床に敷いたおくるみの上に特殊加工した割れない鏡を置き、その上に赤ちゃんをのせます。赤ちゃんは頭や手足を動かして遊んだり、鏡にうつった姿を見て喜ぶでしょう。

! 注意　壁に鏡を立てかける時は、倒れないように十分注意しましょう。

赤ちゃんはどんなことを学ぶの？

- **自尊心の発達**「キミはだれ？　ボクですか？」
- **自分の姿の認識**「ボクってこういうお顔なのね」
- **環境の理解**「鏡のこっち側とあっち側があるんだね」

お口ミュージック

MOUTH MUSIC

口はいろんな音を奏でることのできるすばらしい万能楽器。口さえあれば赤ちゃんの大好きな音をたくさん聞かせてあげることができるのです。パパ、ママは、新しい音作りにどんどん挑戦してくださいね。さあ、楽器のいらない音楽会のはじまりです。

必要なもの

・口、舌、歯、くちびる

遊び方

1. 赤ちゃんをひざの上にのせて、顔が見えるように向きあいます。
2. 口を使って、こんな音を出してみましょう。

   キスの音、チュッチュ！

   舌を鳴らす音、ロンロン！

   くちびるをすぼめてモーターボートの音、ウーウー！

   口笛や歌やハミング

   アヒル、イヌ、ネコ、ウマ、ウシ、ブタ、ニワトリ、サル、小鳥などの鳴きまね

バリエーション ハーモニカ、ラッパ、紙をまるめて作ったメガホン、草笛などを鳴らしてみましょう。

注意 あまり大きな音は赤ちゃんの耳をいためることがあるので注意しましょう。
赤ちゃんのいやがる音はやめましょう。

赤ちゃんはどんなことを学ぶの？

- **音の区別**「ピーピー、プープー、いろんな音があるんだね」
- **音のまね、言語の発達**「ボクも同じ音を出してみたいな」
- **音の方向を追うスキル**「音が近づいてきたな、あれ？　遠くにいっちゃった」

トントコトントコ

RUM-TUM

赤ちゃんはママのおなかにいる時から音を聞いていましたが、それは遠くてくぐもった音でした。だから、いま赤ちゃんは、はっきりと耳にとどくさまざまな音を聞くことに心うばわれています。生まれてはじめて聞く音はどれも新鮮！　ぜひ、機械音ではない“ナマの音”をたっぷり楽しませてあげましょう。

必要なもの

・身近にあるたたくと音の出るもの
（積み木、あき缶、ペットボトル、ガラガラ、テーブルなど、さまざまな素材のもの）
・パパ、ママの手

遊び方

1. 赤ちゃんのまくらもとに音の出るものを用意します。
2. ひとつめのものを軽くたたいてみましょう。
赤ちゃんは反応するかな？
3. 音を聞かせてあげながら、
それがなんの音なのか話してあげましょう。
4. はやいリズム、ゆっくりなリズム、
はずむようなリズムなど、
たたき方に変化をつけてみましょう。
赤ちゃんの右側、左側など位置をかえて
聞かせてあげてもいいでしょう。
5. 赤ちゃんが楽しんでいるようなら、
ほかの音もためしてみましょう。

バリエーション　お散歩はさまざまな音に出合う絶好の機会です。ぜひ、聞こえてくる音を赤ちゃんに教えてあげながら、パパ、ママも一緒に耳をすませてみましょう。

注意　音を出す時には、大きすぎないように気をつけましょう。

赤ちゃんはどんなことを学ぶの？

- **音の認識**「これははずむようなゆかいな音だな。さっきのは重い音だったよ」
- **音の方向を追うスキル**「なんだか聞こえてくる方向があっちこっちにかわるな」

いないいないばあ

PEEKABOO

おなじみの、「いないいないばあ」は、いろいろなことを教えてくれる、じつにすぐれた遊びです。いったいいつだれが考えだしたのでしょうか。目の前でパパやママが消えたりあらわれたりすることで、赤ちゃんは、ものの存在について学んでいくのです。

必要なもの

・顔
・ハンカチ、タオルなどの小さい布

遊 び 方

1. 赤ちゃんをひざにのせて、向きあいます。
2. 赤ちゃんに笑顔で話しかけ、注意をひきます。
3. 赤ちゃんがこちらを見たら、パパ、ママは自分の頭と顔を布でかくします。
4. すぐに布を取って、ステキな笑顔で「いないいないばあ！」と言いましょう。
5. 何度も繰り返して遊びます。

バリエーション 今度は赤ちゃんの顔に布をかけてみましょう。そして「いないいないばあ」と言いながら布をはずします。人形を使ったり鏡の前でもやってみましょう。

注意 赤ちゃんの顔に布かける時は、こわがったり息苦しくなったりしないようにうすい布を使います。布はすぐにはずしてあげましょう。

赤ちゃんはどんなことを学ぶの？

- **つぎの出来事への期待感**「いなくなっちゃったけど、どうなるの？　ワクワクするな」
- **感情表現**「“いないいない”はちょっと不安。“ばぁ”って出てくるとうれしい気分だな」
- **ものの永続性**「いなくなっちゃっても、ママが消えちゃったわけじゃないんだね」

0 to 3 months

キラキラ流れ星

SHOOTING STARS

生後数ヵ月の赤ちゃんは、身のまわりの世界をひたすらに見ることが大好きです。その証拠に光や色、動きなどを何時間もあきずに眺めています。この時期にぴったりなのが、ワクワク感たっぷりの「キラキラ流れ星」です。キラキラ流れ星は、どこに落ちていくのかな？

必要なもの

- やわらかいおくるみ
- さまざまな大きさのカラフルなポンポン（毛糸などで作ったフワフワの玉）

遊び方

1. 赤ちゃんをおくるみの上に仰向けに寝かせます。
2. 赤ちゃんのすぐ横に座ります。
3. ポンポンを赤ちゃんのおなかの上あたりにさしだして、赤ちゃんの注意をひきます。
4. 赤ちゃんがポンポンを見たら「ほ～ら、キラキラ流れ星だよ！」と言ってポンポンをおなかの上に落とします。
5. お母さんも楽しんでいることがわかるように笑顔を見せてあげましょう。
6. 繰り返し遊びながら、ポンポンを少しずつ小さいものにしていきましょう。

バリエーション ポンポンのかわりにカラフルな乾いたスポンジ、羽、紙の玉、布の切れはし、小さいやわらかいおもちゃなどで遊んでみましょう。

注意 痛くないように軽くてやわらかいものだけを使うようにします。こわがるようなら落とさずに近づけるだけで十分です。決して顔に落とさないこと。笑顔を見せながら遊びましょう。

赤ちゃんはどんなことを学ぶの？

- **つぎの出来事への期待感**「キラキラ流れ星、落ちてくるかなぁ」
- **目と手のコーディネーション**「いま見える流れ星をお手てがほしいって言ってるよ」
- **目でものを追うスキルと、鋭敏さ**「流れ星を見失わないようにしっかり見ているよ」

お顔にペッタン

STICKER FACE

赤ちゃんは日に日に視覚が発達していきます。生まれてしばらくすると人と視線を合わせることもできるようになります。3ヵ月くらいになると、さらにはっきりとものが見えるようになるので、明るい色やコントラストの強いもの、そしてなによりも目新しいものにひかれるようになります。

必要なもの

・パパ、ママの顔
・明るい色のステッカー

遊び方

1. 床にひざを立てて座り、赤ちゃんをのせ、頭と背中をもちでささえます。
2. 話しかけたりおもしろい表情をしたりして、パパ、ママの顔をじっくり観察させましょう。
3. 色のあざやかなステッカーを取りだしてパパ、ママの顔に貼ります。ほお、おでこ、あご、鼻などがいいですね。赤ちゃんはどんな反応をするでしょうか？
4. 今度はステッカーをべつの場所に貼りかえて、赤ちゃんに探させてみましょう。
5. 小さいステッカーをまぶたに貼って、目をとじて見せましょう。
6. ほおに貼って手でステッカーをかくして、「いないいないばあ」ごっこをしてもいいですね。

バリエーション 赤ちゃんの両手にステッカーを貼って、ステッカーに気づく様子を楽しみましょう。だんだん手を動かしながら探すことができるようになります。

注意 赤ちゃんがステッカーを口に入れたり飲んだりしないように注意しましょう。

赤ちゃんはどんなことを学ぶの？

- **目と手のコーディネーション**「お顔のステッカー、いいな、ほしいな、手がとどくかな」
- **集中力**「パパのお顔になにがついているんだろう？」
- **目でものを探すスキル**「今度はどこに貼りついたのかな？」

コロコロコロリン

TOOTSIE ROLL

赤ちゃんはからだの動きをコントロールできるようになるまでに数ヵ月間を要します。でもその間の早い時期から、この「コロコロコロリン」でからだの動きの練習ができます。こうした遊びを繰り返すことによって、赤ちゃんは4〜6ヵ月ごろまでにじょうずにからだをころがせるようになります。

必要なもの

- やわらかいバスタオルかおくるみ
- かたすぎない床面

遊び方

1. かたすぎない床面にバスタオルかおくるみを広げます。
2. 赤ちゃんをバスタオルかおくるみの上に腹ばいに寝かせます。
3. 布地の片すみをつまみ、ゆっくりと持ちあげ、赤ちゃんを反対側のすみのほうにかたむかせていきます。
4. 声をかけながら、ゆっくりと赤ちゃんをころがしていきます。赤ちゃんをころがす時には、手をそえてあげてください。
5. じょうずにころがることができたら、赤ちゃんに笑顔を見せてあげましょう。
6. 赤ちゃんが十分楽しんだらおしまいにしましょう。

バリエーション バスタオルやおくるみのかわりに手のひらを使うのもいいアイデアです。パパ、ママの片腕を赤ちゃんのからだの側面にそえると、ころがりやすくなります。

注意 赤ちゃんが急にころがりだしてしまわないように、かならず手をそえてゆっくり動かしてあげてください。

赤ちゃんはどんなことを学ぶの？

- **指向性**「こうすればコロコロするんだね」
- **移動のスキル**「からだがどんどん動いていくぞ」
- **からだの動きのコントロール**「じょうずな動き方がわかってきたぞ」

おしゃべりポンポン

TUMMY TALK

赤ちゃんは自由におしゃべりできるようになるずっと前から、パパやママの語りかけを通じて言葉を学んでいます。時には赤ちゃんに話しかけるだけでなく、言葉を感覚的に楽しむことのできる「おしゃべりポンポン」で遊んでみましょう。

必要なもの

・パパ、ママの口
・やわらかいおくるみ

遊び方

1. 赤ちゃんをはだかんぼにして（おむつはつけていてもＯＫ）おくるみの上に仰向けに寝かせます。
2. 赤ちゃんの横にひざまずいて、ちょっとお話をしてから赤ちゃんのおなかをそっとさすります。
3. 今度はおなかでおしゃべりしてみましょう。顔と口を赤ちゃんのおなかにつけて、話したり歌ったりしてみましょう。声を高くしたり低くしたりしてみましょう。
4. 言葉の合間におなかにキスしてあげましょう。
5. 時々、顔をあげて赤ちゃんに笑いかけましょう。くすぐったい「おしゃべりポンポン」で赤ちゃんは大喜びです。

バリエーション おなかに口をあてて変な音を出したり舌で音を出したり、息を吹きかけたり舌でくすぐったりしてみましょう。

注意 あまり大きな声を出すと赤ちゃんがびっくりしてしまいます。
はだかんぼで遊ばせる時は念のため近くにおむつを用意しておきましょう。

赤ちゃんはどんなことを学ぶの？

●**からだの認識**「ママがポンポンにキスしたよ」
●**言語の発達**「おしゃべりって楽しいな。早くおしゃべりできるようになりたいな」
●**感覚の探求**「くすぐったいな、あったかいな、ママの息が吹きかかったよ」

ハイハイ、ボクはしゃくとり虫

WIGGLE WORM

足の裏をかたい面に押しつけると、赤ちゃんは足をうんと伸ばします。これは「歩行反射」と言われる赤ちゃん特有の反応です。この反射を使ってハイハイの練習をしてみましょう。全身の筋肉を使うので運動神経の発達準備に効果的です。

必要なもの

・かたくなくて滑らない床面
・カラフルなおもちゃ

遊び方

1. かたくない床面に赤ちゃんを腹ばいに寝かせます。
2. 赤ちゃんの頭から10センチメートルくらい離れたところにおもちゃを置いて注意をひきます。
3. 赤ちゃんの足もとに座って手のひらを赤ちゃんの足裏にあてて軽く押してやります。するとと赤ちゃんは反射的に押し返しおもちゃに向かってちょっと前進します。
4. おもちゃを少しずつ前に動かして、繰り返し赤ちゃんが満足するまで前進させてあげましょう。

バリエーション 手のかわりに、板やかたいものを赤ちゃんの足裏に押しつけてみましょう。

! 注意 **赤ちゃんをあまり急いで動かさないように注意しましょう。おもちゃに頭をこっつんするかもしれません。おもちゃがあまりに遠すぎると赤ちゃんはトライする気持ちがなくなってしまいます。**

赤ちゃんはどんなことを学ぶの？

- **原因と結果**「しゃくとり虫になると、からだがおもちゃに近づいていくよ」
- **からだの動きのコントロール**「あんよでじょうずに踏んばると、いい感じ」
- **ハイハイの練習**「少しずつ自分でからだを移動させることができるようになってきたよ」

3 to 6
months

第2章

ふれあい遊びレシピ
3〜6ヵ月

3 to 6 months

パパ＆ママへのメッセージ

●まわりの世界に興味津々3ヵ月

嵐のような3ヵ月がすぎると、赤ちゃんのからだつきがずいぶんしっかりしてきます。首もすわってくるころですから、少しずつ動きのある遊びを取りいれていくといいでしょう。赤ちゃんは新しい姿勢や動き、視界に興味津々ですから、抱っこしている時に少しだけ高くあげてあげるとか、ゆっくりユラユラ動かしてあげるとかいうことをとても喜びます。生まれたてのころは、「なにをしてあげればいいのかわからない」と感じていたパパにも、だんだん活躍の場が増えてきますね。こうした全身の動きをともなう遊びは、からだの発達にも大切な刺激となるので、どんどんやってあげてください。抱っこの姿勢をかえてもらうことが寝返りの準備になり、寝返りが打てるようになることが、お座りやハイハイの準備へとつながっていくのです。生後しばらくは布団の上の平面世界にいるしかありませんでしたが、しだいに垂直方向の世界に向かって成長していく。3ヵ月以降はそういう時期と言えるでしょう。ただ、この時期はまだ強くゆさぶるような乱暴な動きは危険ですから、絶対にしないよう注意しましょう。

●コミュニケーションことはじめ

だんだんに赤ちゃんらしい表情や声が出るようになってくると、かわいさもひとしお。声をかけてあげるとニカッとほほえんでくれたりしますが、それだけで見ているほうもうれしくなってしまいます。コミュニケーション的な反応が返ってくるようになると、不思議とパパ、ママの気持ちも楽になってきます。

3ヵ月にもなると「アーアー」「ウーウー」といった声を出しはじめますが、ぜひ、そうした時には「アーアーなの？」などと声をかけながら反応してあげてください。コミュニケーションの基礎づくりになっていくので、赤ちゃんの出した声をまねて繰り返してあげるというやりとりは大切です。赤ちゃんがしていること、赤ちゃんにしてあげていること、ものの様子などを言葉にして話してあげるということも同様に大切です。赤ちゃんが手を伸ばしてなにかを取りたそうにしているのであれば、「あれ、ほしいんだねえ。手に取ってなめてみたいねぇ」と赤ちゃんの気持ちを受けとめて声をかけてあげる。遊びながら、ちょっとこんなことを意識してみるといいでしょう。

●手との出会い、からだとの出会い

このころになると赤ちゃんは、寝かされている時も真上を向いた姿勢をたもてるようになってきます。じつは赤ちゃんにとってこのことは画期的な出来事なのです。なぜかわかりますか？　真上を向いたままでいられると、自分の手がなにかの拍子に動いた時に視界に入ってきます。最初のうちは自分のからだという認識はなく、「あれ、なんだろう？」という感じで眺めていますが、だんだんに「なにか自分の意思で動かせるみたいだ」ということに気づいて、手の先を自分の口に持っていって、なめてみたり遊んでみたりしはじめます。こうしたことが、やがてものをつかんだり放したりという、手と指の繊細な機能の発達につながっていくのです。3ヵ月をすぎてからの時期は、赤ちゃんにとって自分のからだのいろいろな部分と出会っていく時期。大切に見守ってあげたいですね。

少しずつ、からだがしっかりしてくると、赤ちゃんの世界はグンと広がります。それに応じてまわりのものに対する興味もわいてきて、目にうつったものをもっと見ていたいとか、聞こえてくる音をもう少しよく聞きたいとか、そんな欲求が出てきます。ただ、赤ちゃんがそうした欲求をしめした時、どうしても大人は「これがほしいのね」といって、先まわりして手を出してしまいがちです。でもそれでは、「あ、なにかがあるな、ほしいな、ワクワクするな」という赤ちゃんの楽しみを奪ってしまいます。これは子育てのすべての時期に共通することですが、一歩さがって手を出しすぎず、口を出しすぎず、寄りそいながら見守ってあげる……このことをぜひ忘れずにいてほしいと思います。　（頭金　多絵）

ボクのお名前、わたしのお名前

BABY'S NAME SONG

赤ちゃんの名前をメロディにのせて歌ってあげましょう。起きている時も寝かしつける時も、どんな時でも歌ってあげてください。パパやママのやさしいアカペラの歌声が赤ちゃんをこのうえなくリラックスさせます。少々へたでも問題ありません。赤ちゃんはきっと喜んでくれるはずです。

必要なもの

- 歌声
- よく知っている歌を何曲か

遊び方

1. 赤ちゃんを寝かせたりひざにのせたりして、赤ちゃんがゆったりした気持ちで歌を聞けるようにしましょう。おたがいの顔が見えるように向きあうといいですね。
2. よく知っている歌の一部を赤ちゃんの名前にかえて歌ってみましょう。
3. 歌のなかに、何回も赤ちゃんの名前を入れて歌ってあげましょう。
4. ひとつだけでなく、いろいろな歌でためしてみましょう。

バリエーション 赤ちゃんの名前だけでなく、家族やペットの名前、お気に入りのおもちゃなども歌に組みこんでみましょう。言葉をおぼえる基礎が少しずつできていきます。

! 注意 へたな歌は赤ちゃんの音感教育に悪影響をあたえるので要注意！なんていうことは、いっさい気にしないでください。

赤ちゃんはどんなことを学ぶの？

- **言語の発達**「いつか自己紹介ができるようになったら使えそうだな」
- **聞く力**「じいじの名前がわかったよ」

おうちクルーズ

BOAT RIDE

赤ちゃんのからだがしっかりしてきて、自分から動きたがるようになったら、「おうちクルーズ」をしませんか？　赤ちゃんを特製のお船にのせて、家のなかをグルグルまわってみましょう。新しいのりものにのって、新世界発見の旅のはじまりです。

必要なもの

・大きなバスタオルや小さめの毛布、または大きめのおくるみ
・かたすぎない広い床面

遊び方

1. 毛布やタオルを、あまりかたくない床の上に広げます。
2. その上に赤ちゃんを仰向けに寝かせます。
3. 毛布やタオルの片側の端を持って、ゆっくり部屋のなかをまわりましょう。
4. 見えるものについて、指をさしながらお話ししてあげましょう。

バリエーション　今度は赤ちゃんを腹ばいにしてみましょう。
胸の下に小さいクッションやぬいぐるみを置けば、安定してらくちんです。

注意　仰向けに寝かせる場合は、頭の下にタオルなどを入れて痛くないようにしてあげましょう。
くれぐれもゆっくり、そろそろと動くこと。途中、危険な場所がないように注意して運航しましょう。

赤ちゃんはどんなことを学ぶの？

●**からだのバランス**「お船の上でもバランスがとれるようになってきたよ」
●**探検**「お船から見るお部屋は未知の大海原だね」
●**視覚的な刺激**「向こうからソファーがせまってきた。大迫力だな」

釣れるかな？釣れたかな？

GONE FISHIN'

3 to 6 months

子どもは魚釣りが大好きです。「でもまだ赤ちゃんだから、とうぶんその楽しみはおあずけね」なんて、残念な決断をしなくても大丈夫。この「釣れるかな？釣れたかな？」なら、赤ちゃんでもできますよ。釣り糸をたぐりよせながら、ほしいものを手に入れる喜びを赤ちゃんに体験させてあげましょう。

必要なもの

・40センチメートルくらいのひも
・カラフルなおもちゃ
・セロハンテープ

遊び方

1. ひもの端にカラフルなおもちゃを結びつけます。
2. おもちゃをテーブルの向こう側にぶらさげ、ひもをテーブルのこちら側にわたし、ひもの端をテーブルにセロハンテープで仮どめします。
3. 赤ちゃんをひざに抱いてテーブルの前に座ります。
4. セロハンテープをはがして、ひもの端を赤ちゃんの手に持たせてあげましょう。
5. 赤ちゃんがひもに興味をしめすのを見守りましょう。
6. しばらくしたら、「あれ、なんだろね？」「おもちゃどこにいっちゃった？」と言いながら、ひもをひっぱるようにうながします。
7. テーブルの向こうからおもちゃがあらわれたら、赤ちゃんはびっくり、大喜び。

バリエーション 赤ちゃんに見えるようにおもちゃをテーブルの上に置いてみましょう。赤ちゃんはどうするでしょうか？

注意 赤ちゃんがひもにからまらないように、決して目を離さないこと。

赤ちゃんはどんなことを学ぶの？

- **つぎの出来事への期待感**「これをひっぱったら今度はなにが釣れるかな？」
- **原因と結果**「おもちゃがほしい時は、これをひっぱればいいみたい」
- **ものの存在**「この釣り糸のあっち側にお宝がついているらしいぞ」

おしゃれハット・ショー

HATS OFF

このころ赤ちゃんは人の顔をおぼえはじめます。そこで今日は帽子をかぶって赤ちゃんに見せてみましょう。「頭の上のもの、なぁに？」と思いながらも、赤ちゃんには目の前にいる人がだれなのか、ちゃんとわかるはずです。きっと赤ちゃんは、パパ、ママの頭の上の帽子を脱がせたりかぶせたりする遊びに夢中になりますよ。

必要なもの

・いろいろな帽子
・帽子をかぶる人

遊び方

1. さまざまな帽子を集めましょう。
野球帽、毛糸の帽子、ベレー、シャワーキャップ、おもちゃの帽子などなんでもOKです
（お面はこの月齢では、まだこわがるのでやめましょう）。
2. 赤ちゃんを座らせます。
3. ひとつめの帽子をかぶって「ほら、ママを見て！」「野球選手だよ！」などと声をかけてあげましょう。
4. 赤ちゃんに帽子をつかんだり取ったり好きに遊ばせてあげましょう。
赤ちゃんが取らないようなら、パパ、ママが取ってみせましょう。
5. 同じ帽子で何度か遊んだら、べつの帽子でやってみましょう。

バリエーション 赤ちゃんの頭にも帽子をのっけて、ならんで鏡をのぞいてみましょう。

注意 姿が変わるとこわがる赤ちゃんもいます。そんな時はちょっとだけ帽子をかぶってから脱いでみせて、「ほらね、ママだよ」と安心させてあげてください。

赤ちゃんはどんなことを学ぶの？

- **原因と結果**「帽子をかぶると、こんな姿になるんだね」
- **知らない人に対する不安感の対処**「いろんなかっこうをした人にもなれてきたみたい」
- **ものの永存性**「帽子をかぶったママ、脱いだママは一緒だよ」

キック！キック！ポーン！

KICKER

これは赤ちゃんとパパ、ママが力を合わせてする、ちょっとむずかしいけど、そのぶんとても楽しい遊びです。小さな足をグルグルまわすことで、足の筋肉も強くなり、じょうずに動かせるようになります。これから先、立ったり歩いたりする時のための大切な準備になります。

必要なもの

・直径60〜90センチメートルくらいのビーチボール、またはプラスティックのボール
・やわらかいおくるみ

遊び方

1. 赤ちゃんを床に敷いたおくるみの上に仰向けに寝かせます。
2. 両足を上にあげさせます。
3. 赤ちゃんの足の上にボールをのせて、赤ちゃんにキックさせましょう。ボールが落ちないように、パパ、ママが手を貸してあげましょう。
4. 今度は赤ちゃんがキックする間、ボールをクルクルとスピンさせてみましょう。

バリエーション

ボールを少し上から赤ちゃんの足に落としてみましょう。キックできるかな？
うまくキックできたらほめてあげましょう。十分楽しんであきるまで遊びましょう。

！注意

やわらかい床の上で遊ぶこと。赤ちゃんが興奮して頭を床に打ちつけるかもしれません。
ボールが顔にあたらないように注意しましょう。

赤ちゃんはどんなことを学ぶの？

- **原因と結果**「ボールをキック！　そうするとポオーンってはねるんだね」
- **からだの動きのコーディネーション**「ボールをけるって、こういう動きなんだね」
- **運動能力**「いつも遊んでくれるから、あんよが元気になった感じがするよ」

赤ちゃんトレイン

LITTLE ENGINE

ささえてあげればお座りができるようになると、赤ちゃんの世界はいちだんと広くなり、遊びの幅も広がります。そこで、特製赤ちゃんトレインにのって旅行を楽しみましょう。必要なのはダンボール箱だけ。のり心地も眺めも最高！　赤ちゃんのお気に入りがまたひとつ増えそうです。

必要なもの

・60×40×30センチメートルくらいのダンボール箱
・やわらかい毛布かバスタオル
・2メートルくらいの丈夫なひも

遊び方

1. ちょうどいいサイズのダンボール箱を用意し、赤ちゃんの背中をささえる面を残し、それ以外の3面は眺めを楽しむために適当に切りとります。
2. 両側面の前方よりに、穴をひとつずつあけます。
3. それぞれの穴にひもの端をとおして、抜けないようにしっかり結び目を作ってとめます。
4. 箱に毛布かタオルを敷いて座り心地をよくし、赤ちゃんをなかに座らせます。
5. ひもをひっぱって、家のなかやお庭を旅してみましょう。

バリエーション　箱に電車の絵を描いたり、飛行機や車などお気に入りののりもののようにデコレーションしてみましょう。

注意　ゆっくりひっぱること。急にひっぱると赤ちゃんの首をいためたり、赤ちゃんがおどろいてしまいます。階段やガタガタした場所での走行には注意しましょう。

赤ちゃんはどんなことを学ぶの？

- **からだのバランス**「ガタンゴトン、ゆれてもじょうずに座っていられるよ」
- **頭と首のコントロール**「前も横も見たいところを向くことができるよ」
- **目でものを追うスキル**「車窓の風景が流れていくよ、すてきだなぁ」

シャンシャン・シェイク

MOVERS AND SHAKERS

いつもはパパやママが鳴らしてくれる音楽を楽しんでいたけれど、今日は赤ちゃんがプレーヤーとなって演奏会をひらいてくれます。はじめは、いろいろな音がまざってしまってたいへんですが、なれてくるとだんだん計画的に手足を動かして、音をたてるようになります。パパ、ママは演奏後の拍手喝采をわすれないでくださいね。

必要なもの

・髪をまとめる時に使う伸縮性のあるヘアバンド4個
・針と糸
・鈴、小さいガラガラ、音の出るおもちゃ
・やわらかいおくるみかベビーチェア

遊び方

1. 鈴、小さいガラガラ、音の出るおもちゃなどをヘアバンドの外側に縫いつけます。
2. 赤ちゃんをおくるみの上に寝かせるか、ベビーチェアに座らせます。
3. ヘアバンドを赤ちゃんの手首と足首につけます。
4. 赤ちゃんは、
はじめは反射的に手足を動かしていますが、
手足をふると音が出るということが、
だんだんにわかってきてとても喜びます。
そして考えながら手足をふることが
少しずつできるようになっていきます。

バリエーション 音の出るものをソックスやミトンに縫いつけて、いろいろな演奏会を楽しみましょう。

注意 ヘアバンドやソックスなどに縫いつける時は、取れないようにしっかりつけてください。
赤ちゃんが飲みこむとたいへん危険です。とがったものやあぶないものは使用しないでください。

赤ちゃんはどんなことを学ぶの？

- **音の方向を追うスキル**「シャンシャンシャンはこっちから。カランカランはあっちから」
- **原因と結果**「右手をふるとシャン、左手をふるとチリン。楽しいなぁ」
- **からだの左右を動かす能力**「右・左・上・下、なめらかに動くようになったでしょ」

アニマル・フィンガー

OLD McDONALD

この月齢の赤ちゃんは、かなりじょうずにパペットと遊ぶことができるようになります。お気に入りの絵本の主人公たちを、てぶくろパペットにして遊んでみませんか？　精巧に作りこまなくても、動物の特徴をチョンチョンとつけてあげるだけで十分です。赤ちゃんもお友だちが増えて楽しげです。

必要なもの

・庭仕事用のてぶくろ、軍手
・直径2センチメートルほどのうすい色の毛糸玉5個
・手芸用ボンド
・手芸用の目玉10個
・カラフルなフェルトの切れはし（ベージュ、ピンク、黒、赤、白など）

遊び方

1. 5個の小さい毛糸玉を用意します。
2. てぶくろの指の腹の部分に毛糸玉を糊づけします。
3. 毛糸玉に目玉をつけ、カラフルなフェルト布でブタの鼻、ウシの角、ニワトリのとさか、ヤギの小さい角とあごひげ、ネコの耳とひげを貼りつけます。
4. 糊をしっかり乾かします。
5. 赤ちゃんをひざかベビーチェアに座らせて向きあいましょう。
6. てぶくろをはめて、歌ったりお話ししながら、指人形を動かして遊びます。

バリエーション　『三匹の子ぶた』などよく知っているお話や歌を題材にしてもいいですね。

注意
毛糸玉や部品がすべてしっかり糊づけされているように確認しましょう。
赤ちゃんがてぶくろを口に入れないように注意してください。

赤ちゃんはどんなことを学ぶの？

●**言語の発達**「動物くんたちのお話聞くのは楽しいな」
●**目でものを追うスキル**「ブタさんがおじぎしたよ、ニワトリさんはよそ見している」

にぎにぎグー、にぎにぎパー

OPEN AND CLOSE

生まれて数ヵ月の間、赤ちゃんにはものをにぎる反射作用がそなわっています。この「にぎにぎグー、にぎにぎパー」は、にぎって放す練習です。じょうずにできるか見守ってあげてください。赤ちゃんにとって、にぎることよりも、放すことのほうがむずかしいのですが、きっと少しずつ、にぎにぎのコツをつかんでいくでしょう。

必要なもの

・赤ちゃんの手におさまるくらいの小さいおもちゃ（ガラガラ、ぬいぐるみ、おしゃぶり、積み木など）
・テーブル

遊び方

1. 小さいおもちゃを集めます。
2. 赤ちゃんをひざかベビーチェアにのせてテーブルに向きあいます。
3. 小さいおもちゃをひとつ、ちょっと手を伸ばさなくては取れないくらいのところに置きます。
4. 赤ちゃんにおもちゃを取るようにうながしましょう。
5. しばらくおもちゃで遊んだら、赤ちゃんの指をやさしくほどいて、にぎっていたおもちゃを放させます。
6. おもちゃをまた、テーブルの上に置きます。
7. 赤ちゃんの手をひらいたりとじたりしながら、「にぎにぎグー、にぎにぎパー」にふしをつけて歌ってみましょう。手拍子を合わせてもいいですよ。

バリエーション 手をあけさせるかわりに、ほかのおもちゃを見せます。おもちゃを床に落としたら「落っこちた～！」と言ってひろいましょう。赤ちゃんは喜んで何度も落とすでしょう！

注意 このころの赤ちゃんは、どんなものでも口に入れてしまいます。安全で清潔なおもちゃを使いましょう。

赤ちゃんはどんなことを学ぶの？

- **にぎること、放すこと**「にぎにぎグーもにぎにぎパーもじょうずでしょ」
- **細かい運動神経**「おもちゃに手がとどくかなぁ、取れるかなぁ…。ママ、取れたよ」
- **細かい筋肉の運動**「パーっておもちゃを放すことももうできるよ」

おしゃべりくつしたクン

PLAY PUPPET

生まれたばかりのころはぼんやりとしか見えなかった目も、だいぶ見えるようになってきました。視力が発達して遠くまで見えるようになったら、くつしたで作ったパペットで遊びながら集中力をやしないましょう。食事中も遊んでいる時も、おむつ交換の時にも、このパペットを使ってみましょう。赤ちゃんと1対1だった関係も、くつしたクンの登場でにぎやかになりそうです。

必要なもの

- 白いソックス
- フェルトペン（色の落ちないもの）

遊び方

1. 大人の手がすっぽり入るくらいのサイズの白いソックスを用意します。
2. はめ方は、親指をかかとの部分に、親指以外をつま先の部分に入れます。
   そうすると、ソックスの底の部分がちょうど大きな口のように折れまがります。
   折れまがった部分の下側に赤い舌を描きましょう。
3. ソックスの甲の部分に、フェルトペンで目、まゆ毛、鼻、耳を描きましょう。
4. 赤ちゃんをひざやベビーチェアにのせます。
5. くつしたクンを手にはめて、赤ちゃんとお話ししたり歌ったりしましょう。
   両手にひとつずつはめると、もっと楽しくなりますよ。

バリエーション 赤ちゃんのソックスをパペットにして、赤ちゃんにもはめてあげましょう。
毛糸玉やフェルト布を使って立体的なパペットにしてもいいですよ。

注意 顔の部品は、取れないようにしっかりつけてください。

赤ちゃんはどんなことを学ぶの？

- **言語学習**「くつしたクンとのおしゃべり、ほんとうに楽しいな」
- **ものを見る力**「くつしたクンのお顔、よぉく見えるよ。お口をあけるとベロが見えるね」

ポックリ、ポニー

PONY RIDES

頭と首がしっかりしてきたら、こんなおウマさんごっこができますよ。サラブレッドというよりは、小柄で愛くるしいポニーといったところでしょうか。赤ちゃんの好きな歌を歌いながら、ポックリポックリおウマの背中にゆられながら、今日はどちらへ出かけましょうか。

必要なもの

・パパ、ママのひざ

遊び方

1. 赤ちゃんをひざにのせ向きあいます。
腕をささえてあげてください。
2. 歌を歌いながら、ももをじょうずに動かし、
赤ちゃんを上下にやさしくゆすってあげましょう。
3. 同じ歌を繰り返し歌ってあげてください。
赤ちゃんは自分の好きな歌を繰り返し聞くのが
とても好きですから。

バリエーション 赤ちゃんを反対向きに座らせてみましょう。この場合はわきをささえてください。

注意
あまりはげしくゆさぶらないこと。
どんな時にもかならず赤ちゃんをささえ、手を放さないようにしてください。

赤ちゃんはどんなことを学ぶの？

- **からだのバランス**「おウマの背中の上もボク、得意！」
- **頭と首のコントロール**「ポックリポックリゆれても、ちゃんと前を見ていられるよ」
- **言語学習**「好きなお歌、早く歌えるようになりたいな」

どんな雨？

RAIN BATH

赤ちゃんはほんとうに水遊びが大好きです。いつまでもあきることなく、小さなお手てでバシャバシャと水しぶきをあげています。「どんな雨？」は、大好きな水につかりながらできる楽しい遊びです。さまざまな感覚を同時に刺激してくれる水遊びは、赤ちゃんの世界観をぐ〜んと広げていきます。

必要なもの

・千枚どおし（穴をあけるために使う）
・ペットボトルやプラスティックの容器
・バスタブ

遊び方

1. ペットボトルの底と側面に、2センチメートル間隔で穴をたくさんあけます。
2. 赤ちゃんをバスタブに入れます。まずゆっくりお湯につかってリラックスさせてあげましょう。
3. ペットボトルにバスタブのお湯を入れます。
4. ペットボトルを赤ちゃんに見えるように持って、お湯が穴から出るのを見せてあげましょう。
5. ペットボトルから出るお湯を赤ちゃんにかけてあげましょう。やさしくてくすぐったい雨つぶです。
6. 赤ちゃんがいやがらないなら、頭にも雨をふらせてあげましょう。

バリエーション ペットボトルはいろいろな水遊びに使えます。パパ、ママのアイデアですてきな雨ふり装置を作ってあげましょう。

注意 赤ちゃんの目に水が入らないように注意してください。とくに石鹸水には注意しましょう。顔がぬれるのをいやがるようなら、首から下にだけかけてあげましょう。

赤ちゃんはどんなことを学ぶの？

●**環境を楽しむこと**「大好きなお風呂のなかで気持ちいい雨を楽しめるなんて最高！」

●**感覚の発達**「しとしと、ふってきたぞ。今度はどしゃぶりだ」

腹ばいエレベーター

YOU, UP HIGH !

特別なおもちゃ、特別なスペースを用意しなくても、パパ、ママと赤ちゃんがいれば、遊び方は無限大。ぜひ、からだ全体を使う動きのある遊びをたくさん楽しみましょう。ゆっくり上下する「腹ばいエレベーター」は、パパ、ママのすねの部分を利用した赤ちゃんの大好きな遊びです。さっそくやってみましょう。

必要なもの

・パパ、ママの足

遊び方

1. 背中が痛くないように座布団などを敷き、パパ、ママはその上に仰向けになります。
2. 足をそろえ、すねに赤ちゃんを腹ばいの姿勢になるようにのせます。
3. 赤ちゃんのわきをしっかり両手でささえます。
4. 赤ちゃんをのせたまま、ゆっくりと足を上下し、浮遊感を味わわせてあげます。
5. パパ、ママはエレベーターの行き先をアナウンスしてあげましょう。

バリエーション 赤ちゃんをのせたまま、パパ、ママの足先を床までおろしてみましょう。赤ちゃんは水平になったり垂直になったり、さまざまな姿勢を体験することができます。

！注意 **はげしく上下させたり、はやすぎる動きはあぶないのでやめましょう。**

赤ちゃんはどんなことを学ぶの？

- **からだのバランス**「エレベーターが上昇しても、バランスとれるよ」
- **運動神経**「いろんな姿勢をとると、刺激になるなぁ」

スポットライトごっこ

ROAMING SPOTLIGHT

赤ちゃんの視覚を発達させる遊びです。今晩、スポットライトをあびるのはだれでしょう？　スポットライトをあびると、昼間一緒に遊んだクマさんもすてきなスターに見えるから不思議です。夜やおやすみの前、赤ちゃんを落ち着かせたい時などに効き目があります。

必要なもの

・暗い部屋
・懐中電灯

遊　び　方

1. 部屋を真っ暗にします。
2. 赤ちゃんをひざに抱いて、イスに座ります。
3. 懐中電灯で壁を照らしてみましょう。
4. 「あら、スポットライトだよ！」と話しかけましょう。
5. ゆっくり懐中電灯を移動して、部屋のなかのものをつぎつぎに照らしましょう。
6. クマさんに光があたったら、「おや、クマさんだ！」。ひとつひとつ照らしだされたものについて話してあげましょう。
7. 赤ちゃんが十分楽しんだらおしまいにしましょう。

バリエーション　手をそえて、赤ちゃんに懐中電灯を持たせてみましょう。懐中電灯の使い方がわかるかな？　赤ちゃんがトライする様子を見守ってあげてください。

注意
赤ちゃんの目に光をあてないように注意しましょう。
赤ちゃんが暗がりをこわがるようなら、ナイトライトをつけてみましょう。

赤ちゃんはどんなことを学ぶの？

- **原因と結果**「懐中電灯で照らすと、そこが光るんだね」
- **奥行き感**「明るいところと暗いところがあって、いつもとちがった景色に感じるよ」
- **目でものを追うスキル**「あ、見えたよ。なかよしのシロクマくんだね」

にぎるとどんな？

TOUCH&GUESS

少しずつ、手でものをにぎってみたり、にぎると聞こえる不思議な音に耳をかたむけたり……。赤ちゃんはこの世界の楽しみ方を日ごとに増やしていきます。どこのおうちにもあるもののなかで、赤ちゃんが興味をしめし、とりこになってしまうもの、なんだかごぞんじですか？　それをなかに入れた、かんたんおもちゃを作って遊んでみましょう。

必要なもの

・タオルやガーゼのハンカチ、木綿の布など洗える生地
・糸と針
・つめもの（レジ袋、ビーズ、スポンジや手芸用のわたなど、さまざまな触感が楽しめるもの）

遊び方

1. 仕上がりサイズが直径10センチメートルくらいの円になるよう、生地を2枚切りとります。
2. 中身を入れる口を残し周囲を縫いあわせます。
3. 布をオモテに返し、なかにつめものを1種類つめ口をとじます。
4. 赤ちゃんに布袋を持たせてあげましょう。どんな反応をするでしょうか？
5. 何種類か作り、にぎりしめた時の触感や音のちがいを楽しみましょう。

バリエーション 布の形を長細くして作ってみましょう。必要なものであげたつめもののなかでも、とくにレジ袋はその手ざわりと音で赤ちゃんに大人気です。

注意 なかにビーズなど細かいものをつめる時には、とくに口をしっかりとじあわせましょう。赤ちゃんはなんでも口に入れてたしかめるので、洗える素材で作りましょう。

赤ちゃんはどんなことを学ぶの？

- **音のちがい**「レジ袋入りはシャカシャカ、クシャクシャ、音がホントに楽しいよ」
- **触感の楽しみ**「スポンジの入った袋は、にぎりしめても押し返される感じ」
- **ものをにぎる動き**「ギューッてにぎることが楽しいんだよ」

ぎっこんばっこん

UPSY-DAISY

新生児にはふたつの反射作用がそなわっています。ものをにぎる反射作用と、起きあがった時に目をまん丸にひらく反射作用です。この反射作用は、赤ちゃんがじょうずにからだを動かせるようになると、なくなってしまいます。この時期の「ぎっこんばっこん」は、このふたつの反射作用を楽しむことができますよ。

必要なもの

・かたくなくて滑らない床面
・パパ、ママの手

遊び方

1. カーペットのような、かたくなくて滑らない床に赤ちゃんを座らせます。
2. パパ、ママは赤ちゃんの足もとに正座します。
3. パパ、ママの両方の親指を赤ちゃんににぎらせます。親指をにぎってくれたら、赤ちゃんの手をしっかりパパ、ママの手でつつみましょう。
4. 「お座りしてみよう！」と言いながら、ゆっくり赤ちゃんをひきよせます。
5. 赤ちゃんがじょうずにお座りできたら、にっこり笑ってほめてあげましょう。何回も繰り返して遊びましょう。

バリエーション 赤ちゃんをベビーチェアに座らせて、指をにぎらせてそのまま立たせてみましょう。足がしっかりします。

注意 赤ちゃんがパパ、ママの親指を放しても大丈夫なように、かならず赤ちゃんの手をしっかりにぎっておきましょう。首をいためないようにゆっくり起こしましょう。

赤ちゃんはどんなことを学ぶの？

- **つぎの出来事への期待感**「パパの指をにぎったあと、少しずつからだが起きていくよ」
- **ものをにぎる動き**「パパのお指をしっかりにぎることができるよ」
- **頭と首のコントロール**「最近、頭がちゃんとついていくようになったよ」

ちゃぷちゃぷバスタイム

WATER WIGGLER

水遊び大好きな赤ちゃんにとって、水の刺激、水滴のはねる音、水面をたたいた時の感触、キラキラと光る水しぶき。そのどれもすてきなおもちゃ。水がもたらす楽しみは、赤ちゃんの感覚を刺激し成長をうながします。お風呂遊びは季節を問わず、いつでも楽しめますから、パパ、ママとのスキンシップとコミュニケーションを深めるうえでも、じょうずに活用したいものです。

3 to 6 months

必要なもの

・バスタブ
・パパ、ママの手

遊び方

1. バスタブにお湯を入れます。
2. ゆっくり赤ちゃんをお湯に入れます。
3. お湯を赤ちゃんにかけたり、水滴をたらしたりして遊びましょう。
4. 今度は、赤ちゃんのおなかを両手でささえて、水面にちょっとつけて、赤ちゃんのからだを前後に動かしてみましょう。顔がお湯につからないように注意します。
5. モーターボートのような効果音をたててみましょう。休憩しながら遊びましょう。

バリエーション 赤ちゃんの背中をささえ、仰向けにしてみましょう。
バスタブにおもちゃを浮かべ、おもちゃに向かって進ませてみましょう。

! 注意 お湯が赤ちゃんの目や口に入らないように注意しましょう。お湯の温度にも気をつけましょう。

赤ちゃんはどんなことを学ぶの？

- **運動神経**「水中遊泳って、とっても自由に動けるね」
- **感覚の刺激**「光ったりはねたり音をたてたり。ずっと見ていてもあきないね」
- **環境の理解**「お部屋や公園で遊ぶのも好きだけど、水のなかって格別だよ」

第　章

ふれあい遊びレシピ
6～9ヵ月

パパ＆ママへのメッセージ

お座りできたよ

6ヵ月あたりから赤ちゃんはお座りらしい姿勢がとれるようになってきます。でも完全に安定した姿勢をたもてるようになるのは、もうしばらく先。まだお座りしている時は手で上体をささえていなくてはいけませんが、この時期ならではの不安定なバランスのユラユラ感を利用した遊びはいろいろとあります。たとえば赤ちゃんをお座りさせて、手のとどきそうなところにおもちゃを置いてあげる。すると赤ちゃんは、「おもちゃに手を伸ばしたいけど、床から手を放したらゴロンしちゃうな……」という悩ましい問題に直面し、奮闘しながらクリアしていきます。目もよく見えるようになり距離感がわかるようになってくるので、少し離れたところにあるものに手を伸ばします。この手を伸ばすという動作にしても、取れそうだなと自分なりに判断して、そのものに向かってしっかり手を伸ばす。動作にはっきりとした目的が生まれるんですね。だから遊ぶ時にも、手足が使えるようになって移動もかなり自由にできるようになった赤ちゃんの、いまできること、いまの力にちょっとだけ新しい挑戦を加えてあげるのがコツです。

こんな遊びがおもしろいよ

生後半年くらいまでは、パパ、ママと赤ちゃんが直接ふれあう遊びが多かったと思いますが、このころから、ものを介した遊びも楽しめるようになってきます。ものを介した遊びのなかには「はい、どうぞ」「今度はママにちょうだいな」というような言葉によるはたらきかけが多く出てきますが、それも赤ちゃんにはいい刺激になります。赤ちゃんはパパ、ママの言葉を聞きながら「きっとつぎにママは、これちょうだいって言うぞ」と先のことを予想するようになっていきます。そして実際、自分が思ったとおりになったことが、赤ちゃんにはうれしく感じられます。うれしいと感じると何度も同じ遊びを繰り返したがりますから、できるだけ赤ちゃんの気持ちをくみ取ってつきあってあげてほしいですね。

第3章にも登場しますが、ものをかくしてしまう遊び、いないいないばあ的な遊びは、たくさんしてあげるといいと思います。手で顔をかくすというオーソドックスなものからかくれんぼまで、バリエーションはいくらでもできますね。「どこかに消えちゃったよ」「いないいない」と言われた時は、ちょっと不安。でも、「いたよ」「あったよ」と言って大好きなママやおもちゃが出てくると、赤ちゃんはもう大喜び。しだいに「きっともうすぐ出てくるぞ」と先の展開を期待して待つことができるようになっていきます。これも大きな成長です。

●遊ばせるのが苦手？

子育ては楽しいことばかりではありませんね。パパ、ママも悩んで迷っての連続だと思います。「接し方がわからない」「遊ばせるのが得意ではない」。そうした悩みを解決するためには、まずはとにかく一緒に遊んでみる。これが第一だと思います。苦手意識があってもふれあっていくうちに、「あ、こんなにかわいいんだ」という発見をしていくでしょう。人間は不思議なもので「かわいいな」と思うと、そのつぎには声をかけたりさわってみたくなるものです。「かわいいなぁ」と感じたら、それこそ「ムシャムシャムシャ、食べちゃうぞ」でもなんでもいい。それがすでに立派な遊びになっています。

息がつまるような気分になった時の気分転換は大切です。大人の気持ちは赤ちゃんにもそれとなく伝わりますから、ストレスがたまっているなと感じた時には、無理をして「それでも赤ちゃんになにかをしてあげなければ」なんて考えないほうがいい。「そういう時もあるんだ」くらいに考えて、数時間でもいいから赤ちゃんをだれかに見てもらって、息抜きに出かける。喫茶店にいってちょっと贅沢にコーヒーを飲むだけでもいい。「自分で決めた自分のための日・時間」を作って気持ちを切りかえて、ママ自身が「この子と遊びたいなぁ」って思ってくれるほうが、赤ちゃんもきっとうれしいはずです。（頭金　多絵）

アブラカダブラ

ABRACADABRA

赤ちゃんの目の前でおもちゃを一瞬にして消し去るマジック遊びをしてみましょう。最初はパパ、ママの見事なマジシャンぶりに心うばわれているばかりですが、何度か繰り返すうちに、お気に入りのおもちゃがパパ、ママの手のなかにかくれていることを発見するでしょう。不思議な呪文「アブラカダブラ」をとなえながら、しばしマジック・ショーを楽しみましょう。

必要なもの

・小さいおもちゃ

遊び方

1. 手のなかに入るくらいの小さいおもちゃを用意します。
2. 赤ちゃんを寝かせて、おもちゃを見せます。
3. おもちゃをさわらせて遊ばせます。
4. おもちゃをそっと取りあげて、パパ、ママの手のなかにかくします。
5. 両手をにぎってみせます。
6. 「どこいっちゃった？」と聞いてみましょう。
7. 赤ちゃんが不思議そうにしたら、「ほぉらあった！」と手を広げて見せましょう。
8. べつの手にかくしたり、おもちゃをかえたりして遊びましょう。

バリエーション パパ、ママの爪にカラフルなマニキュアを塗ったり、ペンで顔を描いたりします。赤ちゃんに指をよく見せてから１本ずつ指を折りまげ、順番にひらいていきます。

注意 赤ちゃんが飲みこむおそれのある小さいおもちゃは避けてください。

赤ちゃんはどんなことを学ぶの？

- **認識力**「消えたおもちゃはママの手のなかにあるんだよ」
- **目と手のコーディネーション**「ママの手があやしいな。ちょっと、つっついてみよう」
- **ものの存在**「大事なおもちゃがほんとうに消えていなくてよかったよ」

動物園で友だち探そ！

AT THE ZOO

「ウーウー」「アーアー」赤ちゃん語でお話できるようになった赤ちゃんは、いろいろな物音をまねするのに夢中です。いちだんとよく聞こえるようになった耳で、周囲に満ちている音を注意深く聞いています。赤ちゃんの聴力と言語発達を刺激・促進する「動物園で友だち探そ！」は、楽しい空想動物園。どんな動物に出会えるのか、パパ、ママも一緒に参加してください。

6 to 9 months

必要なもの

- **ぬいぐるみや動物の大きな絵**
- **パパ、ママの声**

遊び方

1. いろいろなぬいぐるみや動物の絵を用意します。
2. 赤ちゃんを座らせてこちらを向かせます。
3. ぬいぐるみや絵を
パパ、ママの顔の横に持ちあげて見せましょう。
パパ、ママの口がよく見えるようにします。
4. まず赤ちゃんに動物の鳴きまねを
させてみましょう。
パパ、ママも一緒にやってみましょう。
5. べつの動物で同じように遊びます。
6. 全部の動物で遊んだらもう一度やってみましょう。
今度はしばらく待って、
赤ちゃんに期待感を持たせてから
鳴き声を聞かせてあげましょう。

バリエーション 目で見て学ぶのが得意な子も聞いておぼえるのが得意な子もいます。もしあなたの赤ちゃんが聞くのがじょうずなら絵を見せる前に鳴きまねをしてみましょう。

注意 **あまり大声で鳴くと赤ちゃんがおどろいてしまうので注意しましょう。**

赤ちゃんはどんなことを学ぶの？

- **音の認識**「これはキャッキャッキャッて鳴くおサルさんだ」
- **音の区別**「ゾウさんはパオーン、ライオンさんはガオーッだね」
- **言語の発達**「パパのガイドで動物のお友だちにもくわしくなってきたよ」

お豆のぬいぐるみ

BEANIE BABIES

赤ちゃんの大好きな動物のぬいぐるみを作ってみましょう。どこにでもある材料で作り方もかんたんです。タオルを動物の形に切りとって、なかに乾燥豆を入れるだけ。手ざわりや音が最高です。赤ちゃんがじっくりさわりながらお豆のぬいぐるみを観察したら、まげたりひっくりかえしたり、投げたりお話ししたりして楽しみましょう。

必要なもの

- タオル地のハンカチ
- 乾燥した豆（大きさに合わせて適量）
- 針と糸
- フェルトペン（色の落ちないもの）

遊び方

1. タオル地のハンカチから動物の形を2枚同じ形に切りぬきます。クマ、ネズミ、カエルなど、シンプルなものがいいですね。
2. 豆を入れる口を残して、2枚を縫いあわせます。
3. オモテに返して4分の3くらいまで豆をつめます。
4. 口をとじます。
5. 顔などをフェルトペンで描きましょう。
6. 赤ちゃんにわたしてじっくり観察させましょう。
7. 落としたり投げたり積み重ねたり、からだにのせたり、かくしたり動かしたり、おしゃべりさせたりキスしたり……。赤ちゃんの好きなように遊ばせてあげましょう。

バリエーション 大きいタオルを使って大きい動物を作ってみましょう。

注意 口をしっかりとじて、なかの豆が出ないように注意してください。のどにつまらせるとたいへん危険です。

赤ちゃんはどんなことを学ぶの？

- **認知力と思考力**「これはネズミの耳。まぁるいね」
- **感情の発達**「カエルくんとなかよしになったら、楽しい気分になってきたよ」
- **細かい運動神経**「カエルくん、はねてみようよ。ポーンってするよ」
- **想像力**「クマさんはいつもなにをして遊んでるの？」

のりのり！ドラムビート

DRUM BEAT

小さい赤ちゃんにも、ちゃんとリズム感覚がそなわっています。まわりの世界に興味津々の赤ちゃんは、目につくものを手あたりしだいにたたいて、音を出すのが大好き。今日はスペシャル・ドラムセットを用意しますから、思うぞんぶんビートをきざんでくださいね。気分はもう、のりのり！です。

必要なもの

・テーブル
・木のスプーン、ハケなどドラムスティックになるもの
・アルミホイル、鍋、プラスティックのボウル、
　パイ皿、新聞など

遊 び 方

1. 赤ちゃんをテーブルの前に座らせます。
2. 木のスプーンなどでテーブルをたたいてみせましょう。
3. 赤ちゃんにドラムスティックをゆずってあげましょう。
4. 今度はアルミホイル、鍋、プラスティックのボウル、パイ皿、新聞など、いろいろなドラムをたたかせてみましょう。
5. パパ、ママは赤ちゃんのドラムビートを楽しんでください。

バリエーション　赤ちゃんを床に座らせてまわりに道具を全部ならべましょう。赤ちゃんはきっと大喜び、大興奮！　まるい缶にワックスペーパーを貼れば、ちょっと本格的なドラムセットのできあがりです。

注意　**赤ちゃんが自分やまわりの人をたたかないように気をつけましょう。**

赤ちゃんはどんなことを学ぶの？

●**原因と結果**「じゃあ、スティックでたたいてみせるよ。ほら、いい響きでしょ！！」
●**聞く力**「新聞はクシャクシャつぶれた感じの音。鍋ドラムの音がいちばんかな」
●**リズム感と動き**「ビートに合わせてからだがゆれちゃうよ」

スパイダーマンがくるぞ！

GOTCHA!

赤ちゃんはいわゆる「つかまえごっこ」が大好き。つかまえにくるのがオオカミになったパパ、魔女になりきったママだってことは十分わかっているけど、何度やってもハラハラ、ドキドキ、もうやみつきです。赤ちゃんの「もっとやって！！」のリクエストに応えて繰り返し遊んであげてくださいね。

必要なもの

・やわらかいおくるみ

遊び方

1. 床におくるみを広げて赤ちゃんを腹ばいにさせます。
2. パパ、ママは、離れたところで四つんばいになります。
3. 「つかまえるぞぉ！」と言いながら、赤ちゃんのところまでハイハイしていきましょう。そのとき指をクモのように交互に動かします。
4. 何度も「つかまえるぞ！」と繰り返しながら近づきます。笑顔を見せながら、これは遊びなんだということをわからせてあげてください。
5. 赤ちゃんのところに着いたら「つかまえた！」と叫んで背中をコチョコチョとくすぐりましょう。
6. 赤ちゃんが満足するまで、遊びましょう。

バリエーション 今度はうしろから近づいてちょっとおどかしてみましょう。赤ちゃんがはって逃げようとしたら、追いつけないふりをして逃がしてあげましょう。

注意 もし赤ちゃんがこわがるようなら、だれかに赤ちゃんの味方役になってもらいましょう。

赤ちゃんはどんなことを学ぶの？

- **期待感とおどろき**「気配を感じるな。くるぞ、くるぞ。そらきたっ！！」
- **感情表現**「ドキドキするなぁ、スパイダーマンにねらわれてちょっとこわいなぁ」
- **運動神経**「逃げたりコチョコチョされたり、もう、からだ中が大興奮」

ガリンコ氷山どんぶらこ

ICE PALACE

またまた赤ちゃんの大好きなバスタイムにぴったりの、大人も楽しめる遊びです。赤ちゃん以上に、はしゃいでしまうかもしれません。「ガリンコ氷山どんぶらこ」は、さまざまな大きさ・形の氷を氷山に見立てて遊びながら、四角い氷がとけてなくなる様子なども赤ちゃんに見せてあげることができます。

必要なもの

・バスタブ
・製氷皿やアイスを作る型
・牛乳パックなど大きな氷を作れる容器
・お風呂用おもちゃ

遊び方

1. 製氷皿、アイスの型、牛乳パックなどを容器にして氷を作ります。
2. バスタブに赤ちゃんをゆっくり入れます。
3. さまざまな形の氷を浮かべます。氷をつかんだり沈めたり、氷が動くのを眺めて遊びましょう。
4. 今度は牛乳パックで作った四角い氷の上に氷の積み木を重ねてみます。
5. 四角い氷の上にお気に入りのお風呂のおもちゃをのせてみてもよいですね。氷がとけて上にのせたおもちゃが落ちる様子を観察して楽しめます。

バリエーション 口に入れても安全な食品着色料をとかした水で氷を作ると、美しい氷山になります。

注意 赤ちゃんがバスタブに入っている時は決してそばを離れないこと。バスタブに入れる前にすべての材料をそろえておきましょう。飲みこむおそれのある小さなおもちゃは避けてください。

赤ちゃんはどんなことを学ぶの？

- **原因と結果**「氷山がどんどんやせて、上にのせたアヒルさんが落ちちゃった」
- **細かい運動神経**「氷山はツルツルしていて、つかむのにちょっとコツがいるなぁ」
- **ものの変わる様子**「角がとんがっていたのに、まぁるくなって、なくなっちゃったよ」

お・つ・ま・み・お・や・つ

PICK AND MUNCH

ついこの間までは不器用でぎこちなかった手も、ずいぶんじょうずに動かせるようになってきたころでしょう。でも、小さなものをにぎりしめて、つぎにそれをどうすればいいのかがわかるまでには、まだ練習が必要なようです。おやつの時間にお菓子のボーロを前にして、赤ちゃんはどんなチャレンジをするのかな？　健闘ぶりを見守ってあげましょう。

必要なもの

- **お菓子のボーロ**
- **菓子皿**
- **テーブル**

遊び方

1. 赤ちゃんをテーブルの前に座らせます。
2. 菓子皿にボーロを広げ、赤ちゃんの前に置きます。
3. 「おやつだよ」と声をかけて、赤ちゃんの好きなようにさわらせてあげます。
4. つまんだりにぎったりできたら、「食べてごらん」とすすめてみましょう。
5. ボーロをにぎりしめた手を口もとに運んでから、じょうずに手をひらくことができなくても、パパ、ママは横から手を出さずに、その様子を見守ってあげてください。
6. 手をひらいて口にボーロを入れることができたら、ほめてあげましょう。

バリエーション　パパ、ママの口にもボーロを入れてもらいましょう。じょうずにできた時は、おいしそうに食べるリアクションをわすれずに。

注意　**指で小さなものをつまめるようになってくると、赤ちゃんはうれしくてしかたありません。指先でつまんだ小さなものを口に入れてしまうことがあるので、誤飲にはとくに注意が必要な時期です。**

赤ちゃんはどんなことを学ぶの？

- **目と手のコーディネーション**「あっちのボーロにも手を伸ばしてチャレンジしてみよう」
- **細かい運動神経**「お指の先に集中して、ひとつ、ふたつ、みっつ……」
- **自主性─食べること**「自分で取って、ボーロをお口に入れるとおいしいよ」

ふさふさハリネズミくん

PORCUPINE PAL

姿かたちがユニークなハリネズミのパペットを作ってみましょう。背中のハリに見立てて、いろいろな生地を貼りつけると、感触も楽しめます。にぎったり、なめてみたり、ひっぱってみたり……。ハリネズミくんはやさしいので、赤ちゃんにどんなことをされてもおかまいなし、みたいです。ママもうまく作ろうと気負わず、ハリネズミっぽいと感じたら、それでOKですよ。

必要なもの

・庭仕事用のてぶくろ、軍手
・手芸用のフェイクファーや毛足の長い生地、手ざわりのおもしろい生地
・針と糸

遊び方

1. てぶくろの甲のところにフェイクファーを縫いつけて、ハリネズミくんのハリにします。
2. ほかにもさまざまな触感の生地の切れはしをあちこちに縫いつけましょう。
3. 目や鼻や口も作りましょう。
4. 手にはめればできあがり！赤ちゃんと一緒に歌ったり、おしゃべりしたりしましょう。
5. 赤ちゃんにもハリネズミくんをはめてあげましょう。

バリエーション ハリネズミくん以外にも赤ちゃんのお気に入りの動物を作ってみましょう。男の子と女の子、パパとママというふうにペアで作るのもいいですね。

注意 遊んでいるうちに生地が取れないようにしっかり縫いつけてください。時々、針目を確認しましょう。

赤ちゃんはどんなことを学ぶの？

- **細かい運動神経**「ハリネズミくんのハリをつまんで、しごいてみよう」
- **感覚の探求**「やわらかいハリ、ゴワゴワしたハリ。こっちのハリはどんなだろ？」
- **社交性**「こんにちわ、ハリネズミくん。お話しましょ」

ステッカーど～こだ？

SILLY SPOT

自分のからだを意識するようになることは、赤ちゃんが座ったり、はったり歩いたりするようになるために大切なことです。自分の手との出会い、腕との出会い、ほっぺ、おなか、おしりとの出会い。いずれも大人はなんとも思いませんが、赤ちゃんにとっては、新鮮な出来事です。「ステッカーど～こだ？」は、赤ちゃんのための自分のからだ発見遊びです。

必要なもの

・たくさんの小さいカラフルなステッカー

遊び方

1. 赤ちゃんをおむつだけにします。
2. 赤ちゃんに向きあって座ります。
3. 赤ちゃんにステッカーをひとつ見せたら、パパ、ママの指の間にかくして、こっそり赤ちゃんのからだに貼りつけます。
4. 「ステッカーど～こだ？」と貼ったところを一緒に探しましょう。
5. 「ここかな？」「ここかな？」と声をかけながら探します。
6. しばらく探したら「あ、あった！」と言って赤ちゃんのからだに貼ったステッカーを指さします。
7. いろいろな場所に貼って繰り返し遊びましょう。
8. なれてきたら自分ひとりで探させてみましょう。時々ヒントをあげましょう。

バリエーション パパ、ママのからだに貼ったステッカーを一緒に探してみましょう。

! 注意 小さいステッカーを赤ちゃんが口に入れないように注意しましょう。

赤ちゃんはどんなことを学ぶの？

- **からだの認識**「おへそ、おなか、ひじ、わき。いろんな場所があるんだね」
- **問題解決**「ステッカー、どこだろう？　あ、ここにあったよ」
- **注意深く見るスキル**「あれ、見つからないな。もう一度同じところを探してみようかな」

潜水艦がブ〜クブク

SINK OR FLOAT

水に浮かんだり沈んだりすることは、小さい赤ちゃんにとっては、まったく不思議な現象。まるで魔法のように思えるかもしれません。なぜ？どうして？といった、たくさんの？？が頭のなかをかけめぐります。赤ちゃんの好奇心をそそる「潜水艦がブ〜クブク」は、ものの性質について知ることができる遊びです。遊びに夢中になりすぎて、のぼせないように気をつけてくださいね。

必要なもの

- 水に沈むもの5個（スプーン、水を入れてふたをしたペットボトルやシール容器など）
- 水に浮かぶもの5個（プラスティックのおもちゃ、からのペットボトル、ヘアブラシ、スポンジなど）
- バスタブ

遊び方

1. バスタブにお湯を入れて赤ちゃんをゆっくり入れます。
2. 浮かぶものをひとつ入れて、「ほぉら、浮かんだよ！」と教えてあげましょう。
3. 今度は沈むものをひとつ入れて、「あれれ、沈んだよ！」と声をかけます。
4. 浮かぶもの、沈むものを交互に入れていきましょう。赤ちゃんは目の前で展開する不思議な出来事にきっと興味をしめしてくれますよ。自分でお湯に入れさせてもいいですね。

バリエーション 浮かぶものをすべていっせいにお湯に入れてみましょう。それから今度は沈むものを全部入れます。びっくりしている赤ちゃんになにが起きているかお話ししてあげましょう。

注意 赤ちゃんがバスタブに入っている時は、決してその場を離れてはいけません。

赤ちゃんはどんなことを学ぶの？

- **科学的性質の理解**「ヘェェ、ブクブクするものとプカプカするものがあるんだね」
- **判別スキル**「これは、たしかさっきプカプカしていたはずだよ」

ムギュ〜ッ!!

SQUEEZERS

このころの赤ちゃんは運動神経がめざましく発達します。からだ全体の動きも少しずつコントロールできるようになりますし、また細かい作業にも興味をしめし、どんどんチャレンジしたがるようになります。「ムギュ〜ッ!!」は、もう赤ちゃんをとりこにすること、まちがいなしのおもしろさです。小さい指でものの温度や質感、触感を好きなだけたしかめさせてあげてください。

必要なもの

・にぎったりつぶしたりできるもの
（粘土、スポンジ、つぶすと音の出るおもちゃ、やわらかいボールなど）

遊び方

1. 赤ちゃんをテーブルの前に座らせます。
2. ひとつずつテーブルの上に置いて、
どんな反応をしめすのか見守ってあげてください。
自由ににぎったりつぶしたりさせて、
温度や質感、手ざわりなどを感じさせましょう。
3. しばらくしたら、べつの物を置いてまた遊ばせます。
4. ぜひ用意したもの全部でためしてみましょう。

バリエーション ソックスに入れて中身がわからないようにしてわたしてみましょう。
さわってみて、ちがいがわかるかな？

！注意 **口に入れたり食べたりしないように、しっかり見ていましょう。**

赤ちゃんはどんなことを学ぶの？

- **ものの区別**「これは色はちがうけど、おんなじスポンジってものらしいな」
- **認識力の進歩**「スポンジは、ムギュ〜ッてしても、またもとの形にもどるんだな」
- **触感の探求**「粘土はさわった時に、ちょっとひんやりするね」

バランスごっこ

TIPSY TEETER-TOTTER

このころになると、自分の力でからだのバランスをとることができるようになってきます。はじめのころは頭をまっすぐに起こしていることさえたいへんだったのに、ものすごい進歩です。赤ちゃんの時期に、さまざまな遊びを通じて運動神経を刺激してあげることは、その後の成長にとても大切なこと。この「バランスごっこ」でたくさん遊んであげてくださいね。

必要なもの

・パパ、ママのひざ

遊び方

1. 赤ちゃんをパパ、ママのひざにのせ向きあいます。
2. パパ、ママの両手で、赤ちゃんの手の先を軽くささえます。
3. 赤ちゃんがバランスをとったら、パパ、ママのひざをゆっくり動かしてみます。
4. 片手ずつ、赤ちゃんから手を放してみましょう。でも赤ちゃんがグラッとしたら、すぐにつかめるように準備しておきましょう。
5. 赤ちゃんを反対向きに座らせて、同じように遊んでみましょう。

バリエーション 足を伸ばしたりイスの上に足をあげたりして、赤ちゃんをすねのほうにのせてみましょう。

注意 赤ちゃんがバランスを失ったらすぐにつかめるよう、いつでも準備しておいてください。

赤ちゃんはどんなことを学ぶの？

- **からだのバランス**「いままでやったことのない、いかすポーズだな」
- **信頼感**「ひとりでバランスとってみるけど、グラッとしたらすぐにたすけてね」

ひえひえ！あっちっち！

TEMP. CHECK

ものの温かさ、冷たさは赤ちゃんにとって新鮮で不思議な感覚のひとつです。パパ、ママのぬくもり、お布団のなかの温かさ、ひんやりとした床、洗面器のなかの水の冷たさ。そのどれもが赤ちゃんの肌の感覚を刺激します。今日は、ほんわか温かいおしぼりやペットボトル、氷を用意して温度調べ実験室をひらいてみましょう。

必要なもの

・500ミリリットル程度のペットボトル2本
・おしぼりタオル2枚

遊び方

1. ペットボトル1本に水を8分目程度入れ氷を作ります。もう1本にはお風呂の湯かげんくらいの温度のお湯を入れます。
2. おしぼりタオル1枚をぬらしてしぼり凍らせます。もう1枚は、お風呂の湯かげんくらいのお湯にひたし、よくしぼります。
3. 赤ちゃんをテーブルの前に座らせ、まず凍ったペットボトルとおしぼりタオルをテーブルに置いてみましょう。赤ちゃんは冷たさをどんなふうに調べるでしょうか。
4. つぎに温かいペットボトルとおしぼりタオルを赤ちゃんの前に置いてみましょう。
5. 冷たさ、温かさのちがいを赤ちゃんがたしかめるのを見守ってあげましょう。

バリエーション 製氷皿や洗った牛乳パックなどで、さまざまな大きさの氷を作ってためしてみましょう。

注意
使うお湯は熱すぎないように注意してください。
使いすてカイロは中身を口に入れると危険なので使わないでください。

赤ちゃんはどんなことを学ぶの？

- **触感、温度などの感覚**「ヒャッ、これはツルツルして冷たいな」
- **科学的性質の理解**「あったかさと冷たさにも、いろいろとあるんだなぁ」

トンネルの向こう側

TUNNEL TRIP

赤ちゃんがハイハイしはじめたら、「トンネルの向こう側」をぜひやってみましょう。大工事をしなくても、ダンボールであっという間に作ることができます。もぐったりとおり抜けたりが大好きな赤ちゃんは、しばらくトンネルを出たり入ったりしつづけるでしょう。トンネルの向こう側にはなにがあるのかな？　そんなことも想像しながら一緒に楽しんでみましょう。

必要なもの

・赤ちゃんより少し大きいダンボール箱
・小さいおくるみ

遊び方

1. ダンボール箱の上下を切りとってトンネルにしましょう。
2. トンネルの向こう側に赤ちゃんを座らせます。
3. トンネルの反対側から、赤ちゃんを呼んでみましょう。もしトンネルに入らないようなら、そっとひっぱってみましょう。
4. 何度も繰り返して遊びましょう。
5. パパ、ママのいるほうの入口におくるみをぶらさげて、パパ、ママの姿をかくします。トンネルのなかに手を入れて、赤ちゃんをひっぱってみましょう。

バリエーション　赤ちゃんを床に座らせて、トンネルをかぶせてみましょう。上からのぞきこみながら箱をどければ、ちょっとダイナミックな「いないいないばあ！」になります。

注意　箱が小さすぎるときゅうくつです。
こわがらないように赤ちゃんを箱のなかに置き去りにしないようにしてください。

赤ちゃんはどんなことを学ぶの？

- **奥行き感**「うぉぉ、ずっと奥のほうまでつづいているな」
- **ものの存在**「ママはどこだ？　きっと近くにいるはずなんだけど」
- **問題解決**「ママの声がしたよ。早くママのところにいくにはどうすればいいかな？」

めざせ！てっぺん！

UPSTAIRS, DOWNSTAIRS

かなりハイハイがじょうずになってきたら、赤ちゃんと階段で「めざせ！てっぺん！」ごっこをしてみましょう。床の上を進むいつものハイハイとはちがって、ちょっと力がいる新しいスタイルのハイハイを、赤ちゃんは楽しんでくれるでしょうか。全身の筋肉を使うこの遊びは、運動神経を効果的に刺激します。

必要なもの

・階段
・お気に入りのおもちゃ

遊び方

1. 赤ちゃんがのぼりおりしやすい階段でおこないましょう。できれば滑らないよう、カーペットを敷いた階段がいいですね。
2. 階段の下に一緒に座って、おもちゃをひとつ、1段めに置きましょう。赤ちゃんに階段をのぼっておもちゃを取ってもらいましょう。
3. 今度は2段めにおもちゃを置いてみましょう。
4. 赤ちゃんがおもちゃに手を伸ばしたら階段に手をつかせ、ひざをまげる動作を手伝ってあげながら、階段のぼりの練習をします。
5. 1段ずつ、おもちゃを置く場所をあげていきましょう。

バリエーション 階段のいちばんてっぺんまでたどりついたら、おり方を教えてあげましょう。赤ちゃんは頭を下にしておりることができませんから、ゆっくりうしろ向きにおりることを教えてあげましょう。

注意 練習中以外は、階段の上と下にかならずゲートをつけておきましょう。

赤ちゃんはどんなことを学ぶの？

- **探検**「ふぇ〜、てっぺんの世界ってどんなだろう？」
- **運動神経**「たった1段をのぼるといっても、なかなか大仕事だな」
- **問題解決**「がんばってひとつ上にいくと、おもちゃに会えるんだね」

大空飛べたよ！

WATCH THE BIRDY

首も背筋もしっかりしてきたら、ちょっとずつダイナミックな動きのある遊びを取りいれてみましょう。たとえばこの「大空飛べたよ！」は、パパ、ママの大きな足に赤ちゃんをのせて、大空を飛んでいる気分を楽しむ遊びです。いつもは床からわずか数十センチの世界を行き来してばかりの赤ちゃんは、高いところからの眺めが大好きです。じょうずに飛ばせてあげてくださいね。

必要なもの

・パパ、ママの足

遊び方

1. パパ、ママは床に仰向けに寝て、赤ちゃんを足にのせます。
2. 赤ちゃんの手をしっかり持って、足裏で赤ちゃんのおなかをささえ、赤ちゃんの足は宙ぶらりんに、顔はこちらに向くように。
3. 赤ちゃんがしっかり足にのっかったら、パパ、ママの足を前後に動かして赤ちゃんを楽しませてあげましょう。
4. いろいろな飛び方をためしてみましょう。

バリエーション 赤ちゃんの頭を逆向きにしても楽しいですよ。

! 注意 くれぐれも赤ちゃんをしっかりささえ、手を放さないようにしましょう。
急に動くとびっくりしてしまいますので、ゆっくり飛行しましょう。

赤ちゃんはどんなことを学ぶの？

- **からだのバランス**「ユ〜ラユ〜ラ、フワリフワリ。この感じがたまらないんだ」
- **奥行き感**「目の前の風景がせまってきたり、遠くに逃げたりするよ」
- **運動神経**「頭からおしりまで、しっかり飛行姿勢をたもっていられるよ」
- **信頼感**「絶対に落ちたりしないってわかっているから、安心だよ」

どこいっちゃった？

WHERE DID IT GO?

やがて赤ちゃんはこの遊びにはあまり興味をしめさなくなります。だから、やるならいまの時期。さっそくやってみましょう。おもちゃが姿を消した時、赤ちゃんがおもちゃがどこへ消えてしまったのか、そしてつぎになにが起こるのかを一生懸命理解しようとする様子を見てあげてください。キョトンとした顔で、おもちゃのゆくえを考えているはずです。

必要なもの

- おもちゃをとおすことのできるような筒。ない時は紙でちょうどいいサイズの筒を作ってください
- フェルトペンやステッカーなど模様を描くもの
- 小さなボール、ミニカー、小ぶりのぬいぐるみなど、筒をとおるおもちゃ
- ベビーチェア

遊び方

1. 筒に楽しい絵柄を描いてみましょう。
2. 赤ちゃんをベビーチェアに座らせます。
パパ、ママはそのすぐそばに座ってください。
3. 筒を45度にかたむけて、
赤ちゃんのひざの上に筒の出口を近づけます。
4. 赤ちゃんにおもちゃを見せ、筒に入れる様子がよく見えるようにします。そして
筒の入口から消える時、こう声をかけましょう。
「さぁ、どこに消えちゃったかな？」
5. すぐにおもちゃがころがり出てしまわないように、
出口を手で押さえます。
しばらく間をあけ、おもちゃがひざの上に出てきたら一緒におどろいてあげましょう。

バリエーション いくつかのおもちゃを同時に筒に入れてみせると楽しさ倍増。また、赤ちゃんにおもちゃを筒の入口からころがしてもらい、パパ、ママが受けとってもいいでしょう。

注意 赤ちゃんが飲みこんでしまうような小さなおもちゃは避けてください。
この遊びに赤ちゃんがおどろいてくれるのは、いまのうちです。十分楽しんでください。

赤ちゃんはどんなことを学ぶの？

- **期待感とおどろき**「どうなっちゃうのかなぁ？　出てくるかなぁ？　出てきたよ！！」
- **原因と結果**「筒におもちゃを入れるとどうなるかっていうとね……」
- **ものの永続性**「消えてもかくれても、おもちゃはおもちゃなんだね」

9 to 12
months

第　章

ふれあい遊びレシピ
9～12ヵ月

パパ&ママへのメッセージ

●移動じょうず　安全に気をつけて

9ヵ月をむかえると赤ちゃんはお座りもハイハイもじょうずになり、活発に動きまわるようになります。遊びのなかにも移動の要素を取りいれたものが増えてきます。しかし、そのぶん、あぶないことも増えていきます。ハイハイで動きまわると同時につかまり立ちがはじまると、赤ちゃんの興味はどんどん高いところ、垂直方向に向かっていきます。どんなものにも興味をしめす時ですから、それを取ってみたいと思ったら赤ちゃんは果敢にアタックします。赤ちゃんがつかまってたおれてしまうもの、のぼって落ちてしまうものはないか、飲みこんだら危険なものは落ちていないかなど、十分に注意してください。赤ちゃんが自分の意思で動きまわるということは、世界を広げていくためにとても大切なことですから、その探索活動が安全におこなえるようにしてあげましょう。

●全身好奇心のかたまり

この時期の赤ちゃんはなにごとにも興味、好奇心をいだきます。ただのあき缶や筒がころがることがおもしろくて、釘づけになっていることもよくあります。以前、0歳児クラスでこんなことがありました。ある時、ガムテープの芯のなかに鈴を入れて透明のシートでふさいだおもちゃを作ってあげたのですが、興味をしめさない赤ちゃんがいました。「ほら」と言って手わたすと、「いらないよ」という感じでポーンと放ったんですね。そうしたら、たまたまそれがコロコロと向こうまでころがりだしました。その子には思いがけずその様子がおもしろかったのでしょう、じっと見つめていました。ところが、横から大人が親切に手わたしてあげたとたんに、その子は泣きだしてしまった。「ボクはころがっていく先を見たかったんだよ」そういう心境だったのでしょう。大人はついついかんちがいして、子どもが楽しんでいることを中断してしまいがちです。だから、遊んでいる最中に赤ちゃんがなにかをじっと見ている時には、大人もちょっと手をとめて、静かに赤ちゃんの興味をしめす様子を見守ってあげてほしいと思います。本書で取りあげたさまざまな遊びも手順どおりにいかなくていいのです。まずは赤ちゃんの興味関心ごとを大事にしてあげるという姿勢が大切です。

●赤ちゃんからの指さし報告

このころから赤ちゃんは、指さしをよくするようになります。赤ちゃんは指さしをしながら「アッアッ」とか「ウッウッ」とか、なにかメッセージを伝えようと一生懸命。そんな時、パパ、ママも一緒になって、その指の先にあるものを見て反応をしめしてあげましょう。たとえばボールがコロコロところがっていってある場所でとまると、「ウーウー」と言って指をさします。そうしたら「ああ、ボールとまったね」とそのことに共感してあげてほしいのです。積み木をあるところまで積んで本人が満足いくと、パッと近くの大人を見ます。そうしたら、ひと言「高く積んだねぇ」と声をかけてあげることが大切で、そうやって応えてもらえるから、またさらに人に伝えたいという気持ちが出てくるし、気持ちのやりとりができるように成長していくのです。赤ちゃんは、この時期になると、ものごとをよく観察するようになります。そして、観察してなにかわかった時にはかならずといっていいほど、そばにいる人に赤ちゃんなりの方法で報告してきます。「見てみて」とか「ねぇ、ママ、こんなだったよ」とか、きっとそんなことを言いたいのでしょうね。ですから、赤ちゃんがなにかを伝えたいのだという気持ちに寄りそってあげるということを丁寧にしてあげてほしいです。ひとりで機嫌よく遊んでいる時には、一歩さがって見守って、赤ちゃんのほうから「ねぇ、見て」というサインを送ってきたらしっかり応えてあげる。なかなかそのサインのところまで、つきあってあげられないことも多いとは思います。でも、赤ちゃんはパパ、ママが自分の報告を受けとめてくれることがほんとうにうれしいということはわかってあげてくださいね。

（頭金　多絵）

ベイビー・インタビュー

BABY-OKEY

大人と同じような言葉をしゃべるようになる前の、赤ちゃん語でお話する様子をぜひ、音に残しておきましょう。これはあとになってから、いくらもう一度聞いてみたいと思っても、二度と再現できませんし、本人の記憶にもまったく残らない貴重なおしゃべりなのです。いましかありません！　何年かたって聞きかえすといろいろなことが思い出されて、感慨もひとしおです。

必要なもの

・録音再生機

遊 び 方

1. 録音再生機を用意します。
2. 赤ちゃんを座らせましょう。
3. 録音ボタンを押して、赤ちゃんに話しかけたり、口でいろいろな音をたてたりして、答えてくれるようにしむけましょう。
4. 赤ちゃんのおしゃべりを確認したら、また話しかけましょう。
5. パパ、ママと赤ちゃんのいろいろなやりとりを録音したら、まきもどして一緒に聞いて楽しみましょう。
6. ぜひ大切に保管し、赤ちゃんが大きくなってからテープを聞いてみましょう。

バリエーション　かんたんな歌を流して、一緒に歌ってみましょう。パパ、ママとのデュエットです。コンサートがおわったらプレイバックしてみましょう。

注意　**赤ちゃんの耳をいためないよう、プレイバックの際の音量に注意しましょう。**

赤ちゃんはどんなことを学ぶの？

- **言語と語彙の発達**「インタビューを受けているうちにおしゃべりじょうずになってきたよ」
- **聞く力**「これがボクの声なんだね。なんだかべつの人の声みたいだ」
- **発声**「しゃべればしゃべるほど、言葉がなめらかになっていく感じがするよ」

鈴さん、どこにかくれたの？

BELLS ARE RINGING

1歳に近づくにつれ、赤ちゃんは音のしてくる方向がはっきりわかるようになっていきます。いろいろな音に興味をしめす赤ちゃんには、音探し遊び「鈴さん、どこにかくれたの？」をおすすめします。まず目で鈴をたしかめてスタートするこの遊びは、視覚・聴覚を同時に刺激してくれます。さて、鈴さんがどこにかくれているのか、正しく探すことはできるかな？

必要なもの

- 鈴の入ったおもちゃや鈴のついたブレスレット（できるだけ大きめの鈴にしましょう）
- クッション、ぬいぐるみ、おくるみなど

遊び方

1. 鈴の入ったおもちゃがなければ
ブレスレットに鈴を縫いつけましょう。
2. 赤ちゃんを床に座らせて、クッションやおくるみなど、
かくし場所になるものをたくさん赤ちゃんのまわりに置きます。
3. 鈴の入った（ついた）おもちゃを赤ちゃんに見せて、
ふって音を聞かせます。
4. こっそりおもちゃをかくします。
5. 「鈴はどこ？」と赤ちゃんにたずねながら、クッションやおくるみをひとつずつ持ちあげ、音が出るかどうかふってみましょう。
鈴のおもちゃはかくしたまま、ふりましょう。
6. 鈴を見せて、「鈴があったよ！」と言いましょう。
7. かくす場所をかえながら遊びましょう。

バリエーション 鈴を部屋のどこかにかくして、赤ちゃんと一緒にハイハイしながら探しましょう。見つかるまで、いろいろなものをふってみましょう。

注意 鈴がおもちゃからはずれないように、しっかり縫いつけておきましょう。

赤ちゃんはどんなことを学ぶの？

- **原因と結果**「ここに鈴さんがいたのは、ママがかくしたからだね」
- **認識力**「クッションの下には鈴さんはいないんだね」
- **聞く力**「ああ、音がする。鈴さんはそこにいるんだね」

はじめてのホタルがり

CATCH THE FIREFLY

自分の意思で動きまわれるようになるにしたがって、赤ちゃんは追いかけっこが、どんどん好きになります。影、煙、チョウチョ、その対象は限定されません。「はじめてのホタルがり」は、お部屋のなかでできる、ファンタジックな遊びです。壁づたいに飛びまわるホタルを何匹つかまえることができるかな？

必要なもの

- 厚紙
- はさみ
- 懐中電灯
- セロハンテープ
- 暗い部屋

遊び方

1. 厚紙を懐中電灯のレンズより小さい虫の形に切りぬきます。
2. セロハンテープでレンズに貼りつけます。
3. 部屋を暗くします。
4. 懐中電灯をつけて、赤ちゃんの横の壁を照らします。
5. ゆっくり光を動かして、赤ちゃんに気づかせます。
6. 「壁をはっているホタルをつかまえて！」と赤ちゃんにたのみましょう。
7. 光を動かして、赤ちゃんにホタルがりを堪能してもらいましょう。

バリエーション 赤ちゃんがホタルをつかまえたら、懐中電灯を消してほめてあげましょう。
赤ちゃんにも懐中電灯を持たせてあげましょう。

！注意 暗がりをこわがるようなら、「こわくないよ」とやさしく声をかけ安心させてあげてください。

赤ちゃんはどんなことを学ぶの？

- **原因と結果**「懐中電灯にホタルがくっついているから、壁を飛びまわるんだね」
- **移動のスキル**「あっちに飛んでいったな。ハイハイで追いかけてみるよ」
- **運動神経**「何匹追いかけても、疲れ知らずだよ」

ゆびとも

FINGER FRIENDS

赤ちゃんは大きな筋肉を発達させながら、いっぽうで細部の動きをつかさどる小さな筋肉もじょうずに使えるまでに成長していきます。なかでもめざましいのは、小さなお手ての指先の筋肉の発達です。おおげさではなく、日に日に器用になっていきます。「ゆびとも」は、かわいらしい赤ちゃんのお指の新しい友だちです。いっぺんに友だちが増えますよ。

必要なもの

- きれいなうすい色の軍手
- フェルトペン（色の落ちないもの）
- はさみ

遊 び 方

1. ぴったり指にはまる、
きれいなうすい色の軍手を用意します。
2. 指のところにフェルトペンで、
楽しい顔、おもしろい顔を描きましょう。
パパ、ママ、お兄ちゃん、お姉ちゃん、
赤ちゃんでもいいし、動物の顔でもいいですね。
3. はさみで顔を描いた指の部分を切り離します。
4. ひとつずつ指にはめながら、
それぞれの「ゆびとも」になりきって
歌って遊びましょう。

バリエーション 赤ちゃんの指にも、はめてあげましょう。

注意 指人形を口に入れないように注意しましょう。のどにつまるおそれがあります。

赤ちゃんはどんなことを学ぶの？

- **細かい運動神経**「ゆびとも1号、2号……それぞれがじょうずにゆれてるよ」
- **言語の発達**「ゆびともソングを一緒に歌おうね」

親ガメ、子ガメ、孫ガメいっぱい

NESTING BOWLS

このころの赤ちゃんは、全身、好奇心のかたまり。「これなぁに？」「それなぁに？」。すらすらしゃべれたら問いかけはとどまることがないでしょう。そんな赤ちゃんにじっくりつきあってあげたいけど、ママいそがしいのよ、という時は、「親ガメ、子ガメ、孫ガメいっぱい」で遊んでいてもらいましょう。キッチンでママがおやつを作っている間に楽しめる遊びです。

必要なもの

- **さまざまなサイズのプラスティックのボウル（順々に重ねられるもの）**
- **四角いプラスティック容器1個**

遊び方

1. キッチンの床に、内側に順々に重ねたプラスティックのボウルを置きます。四角い容器は、見えないところに置いておきます。
2. ボウルの横に座らせます。
3. ボウルをバラバラにして見せましょう。それから、また内側に重ねて見せます。
4. しばらく赤ちゃんにボウルをさわらせながら重ね方などを研究してもらいましょう。
5. 赤ちゃんがボウルの重ね方やばらし方をマスターしたら、四角い容器をひとつ加えてみましょう。赤ちゃんはどうするでしょうか？

バリエーション おもちゃ屋さんで、重ね入れることのできるおもちゃを買って遊ばせてもいいですね。いろいろな大きさの箱を使って手作りしてもいいでしょう。

! 注意 **ガラスや金属のものはけがをすることがあるので、プラスティック素材にしましょう。**

赤ちゃんはどんなことを学ぶの？

- **認識力**「小さいボウルには、四角いのは入らないな」
- **細かい運動神経**「研究したから、じょうずに重ねることができるよ」
- **ものを順番に入れること**「大きいほうから順番にしないとうまく入らないよ」

フーフーフー!!

PUFF 'N' STUFF

もうすぐ1歳のお誕生日です！　はじめてのバースデーパーティーは、どんな演出になるのか楽しみですね。いずれにしても主役は赤ちゃんです。バースデーケーキに立てられたロウソクは、なんとしてもじょうずに、かっこうよく吹きけしたいものです。本番にそなえて、「フーフーフー!!」でロウソクを吹きけす練習をしましょう！

必要なもの

・コットンボール、羽、ティッシュペーパー、ドライフラワーなど、かんたんに吹きとばせるもの
・プラスティックのストロー

遊び方

1. 赤ちゃんをテーブルの前に座らせます。
2. 軽くてかんたんに吹きとばせるものを、ひとつ赤ちゃんの前に置きます。
3. お母さんがフーッと吹いて、動くところを見せてあげましょう。
4. 赤ちゃんにも吹かせてあげましょう。
5. じょうずに吹けたらべつのものを置きます。
6. 口でじょうずに吹けるようになったら、ストローでためしてみましょう。

バリエーション 赤ちゃんと向きあって、吹きとばしごっこをして遊びましょう。
コップに水を入れて、ストローでブクブクしてみましょう。

注意 小さいものを赤ちゃんが飲みこまないように、注意しましょう。

赤ちゃんはどんなことを学ぶの？

- **原因と結果**「フウーッ。ここにあった羽が飛んでいったね」
- **ものの重さと性質の探求**「フワフワッてしているものは、遠くまで飛んでいっちゃうんだ」
- **口と息のコントロール**「ほっぺをふくらませると強い息が出るよ」

スルリン！おすべり

SLIPPERY SLIDE

赤ちゃんが歩きはじめるのも、もうすぐです！　それまでの間、赤ちゃんが筋力やバランスを身につけて、からだをよりスムーズに動かすことのできる遊びをたくさん取りいれてみるといいでしょう。「スルリン！おすべり」は、想像以上に赤ちゃんの運動神経を刺激しますよ。

必要なもの

- 大きなダンボール箱
- はさみ
- ソファー、クッション、カーペットを敷いた床面
- ガムテープ

遊び方

1. ダンボール箱の長いほうの側面を切りはなし
これを2枚重ねてガムテープで貼りあわせます。
これでしっかりしたすべり台ができあがりました。
2. すべり台の上の端（すべり口）は、
ソファにかけてガムテープで固定します。
3. すべり台の底面部分をクッションなどでささえ、
すべり台がつぶれないようにします。
4. ふんわり着地できるように、
着地地点にクッションを置きましょう。
5. 赤ちゃんをささえたまま、すべり台の上から滑らせてあげましょう。
6. ささえたまま何度も練習したら、ひとりで滑ってみましょう。

バリエーション　耐久性のあるアクリルガラス板を使えば丈夫で何度でも使えます。

注意　赤ちゃんがすべり台の上にいる時は、かならずささえてあげましょう。

赤ちゃんはどんなことを学ぶの？

- **からだのバランス**「滑る時にもけっこうバランス感覚は大切なんだね」
- **原因と結果**「ここから滑りだすと、下に着地するんだね」
- **運動神経**「こうやっていろいろな遊びを繰り返すと動きがよくなる感じ」

永遠の人気ポジション！

PIGGYBACK RIDE

赤ちゃんはパパ、ママがしてくれる肩車がだ〜い好き。でもまだ自分から「肩車して」とお願いできないのがちょっともどかしそう。ぜひ、このくらいの月齢に入ったら肩車をどんどんしてあげてください。いつもとちがう高さからの眺めも最高ですし、肩の上での微妙なバランス感覚が運動神経を発達させる準備になります。

必要なもの

・パパ、ママの肩

遊び方

1. パパ、ママは床に正座します。
2. 赤ちゃんをパパ、ママの前から肩にかつぎあげます。
3. 赤ちゃんのおしりが肩の上で安定するようにのせ具合を調節します。
4. 赤ちゃんの両わきをしっかり手でささえます。
5. パパ、ママは正座から立てひざに、立てひざから正座にの動きをゆっくり繰り返してあげましょう。

バリエーション パパ、ママの上体をゆっくり左右にゆらしましょう。また、立ちあがってゆっくりとまわったり歩いてみましょう。なれたら肩車でお散歩に出かけてみましょう。

注意
遊びがおわるまで赤ちゃんをささえる手を放さないでください。
肩車遊びになれていないパパ、ママはかつぐ時に無理をしないで、補助の人に手伝ってもらいましょう。

赤ちゃんはどんなことを学ぶの？

- **からだのバランス**「おっとっと。背筋をしっかりさせてるから大丈夫」
- **信頼感**「ママの肩の上なら安心してのっていられるよ」
- **空間の感覚**「高いなぁ、大人の世界はこんななの？」

スポンジしぼり

SPONGY SHAPES

お風呂が苦手な赤ちゃんもちょっとした工夫で、お風呂大好きっ子に大変身です。なかでもすぐれものアイテムは、手軽に利用できるスポンジ。いまはカラフルな色あいのものやさまざまな形のものが出まわっています。カラフルで楽しいスポンジ遊びは創造性をはぐくみます。楽しい手作りのスポンジおもちゃで遊びましょう。

必要なもの

- カラフルなスポンジ
- はさみ

遊び方

1. スポンジを、まるや三角や四角に切ります。
2. バスタブにお湯を入れて、赤ちゃんをゆっくり入れます。
3. スポンジをお湯に入れます。赤ちゃんをスポンジで遊ばせましょう。
4. しばらくしたら、スポンジをバスタブの内側の面にぎゅっと押しつけてみましょう。水をしぼりだすと、あら不思議、スポンジが壁にくっつきます！
5. たくさんスポンジを貼りつけたら、赤ちゃんに、はがしてもらいましょう。
6. いろいろな形について、お話ししましょう。

バリエーション スポンジを動物やアルファベットの形に切りぬいてもいいですね。

注意 赤ちゃんがバスタブに入っている時は、決して目を離さないでください。

赤ちゃんはどんなことを学ぶの？

- **色と形**「これは三角でピンク。そっちは四角くて黄色」
- **感覚の刺激**「ギュッとにぎってしぼると、お湯が出てきておもしろいよ」

おもちゃ救出隊

STICKY TOYS

もう手を伸ばして取ったり、にぎったり放したりということはマスターしているころかもしれません。手先が器用になってきた赤ちゃんに、新たなお楽しみを体験させてあげましょう。「おもちゃ救出隊」は、うすい糊にくっついたおもちゃを、たすけだす遊びです。ただ単につまむのとはちがって、少しコツが必要です。何度もトライさせてあげましょう。

必要なもの

・引き出しのなかなどに敷く片面に糊のついた加工紙
・いろいろな小さいおもちゃ

遊び方

1. 60センチメートルくらいの長さの加工紙を用意します。
2. 粘着面の紙をはがし、粘着面を上にして床に置きます。
3. 粘着面に小さいおもちゃ、積み木、プラスティック人形、パズルのピースなどをくっつけます。
4. 赤ちゃんをおもちゃのそばに座らせましょう。
5. まずパパ、ママがおもちゃを持ちあげようとしてみます。くっついてしまって、あがりません！さあ、どうしましょう？
6. 赤ちゃんは、一生懸命におもちゃをはがそうとするでしょう。一緒に楽しみましょう。

バリエーション ベビーチェアのトレイに加工紙を敷き、小さいおもちゃを同じように貼りつけてみましょう。

! 注意 加工紙で遊んでいる時は、顔に紙をくっつけないように、そばで見ていましょう。
できなくてイライラしているようなら、手を貸してあげましょう。

赤ちゃんはどんなことを学ぶの？

- **原因と結果**「不思議な紙にのっけたからくっついちゃったのね」
- **細かい運動神経**「じょうずにはがすことができるかな。ちょっとやってみよう」
- **問題解決**「くっついたままが気になっていたけど、救出成功！」

ひっぱらせて！

STUFFY SHIRT

赤ちゃんはしばらくの時期、あけたりひっぱりだしたりという作業に没頭します。ふたがしまっていれば、なんとしてでもあけてみなければ気がすみませんし、チョロリと出ているものは、しっぽの先まですっかりひっぱりだしてみなければ、つぎの行動には移れません。シャツのえりぐりからのぞいているのは、いったいなんなのでしょうか。

必要なもの

- ネクタイやスカーフを数本
- 大きめのシャツ

遊 び 方

1. ネクタイやスカーフを全部つなぎあわせて
 1本のひもにします。
2. パパ、ママは用意したシャツを着てください。
3. つないだネクタイやスカーフを、
 まるめてシャツのなかに押しこみ、
 端をえりぐりのところから出しておきます。
4. パパ、ママは赤ちゃんの正面に座りましょう。
5. ネクタイの端を赤ちゃんに見せて、ちょっとひっぱって見せます。
6. 赤ちゃんの手にとどくまでひきだして、
 あとは赤ちゃんにひっぱらせてみましょう。
 できないようなら、手伝ってあげてかまいません。
7. 全部出せたら、繰り返して遊びましょう。

バリエーション 赤ちゃんに大きなシャツを着せて、そのなかにネクタイのひもを入れます。シャツのすそからひっぱってみましょう。くすぐったくて大喜びです！

注意 **長いネクタイのひもが、赤ちゃんのからだや首にまきつかないように十分に注意してください。**

赤ちゃんはどんなことを学ぶの？

- **原因と結果**「ひっぱると、どんどん出てくるんだよ」
- **ものの存在**「どうもシャツのなかにボクの興味を刺激するひもがかくれているらしいぞ」

9 to 12 months

お手ての探検

TEXTURE TRIP

赤ちゃんの手のひら、指先の感覚はしだいにとぎすまされていきます。手にふれたものの名前はまだよくわからなくても、その触感で、それがどんなものであるのか、理解していきます。ちょうどハイハイもお得意になってきたころです。ぜひ、その移動ワザをじょうずに使って、「お手ての探検」をしてみましょう。

必要なもの

・さまざまな手ざわりのもの
（すべすべしたタオル、化繊布、合成毛皮、ウールのコート、アルミホイル、表面に凹凸のあるマットレス、大きな紙袋、波型ダンボールなど）
・広い床面

遊び方

1. 手ざわりのちがうものを床一面にたくさん広げてみましょう。
触感のちがうものをとなりあわせに置くと、いっそう楽しく遊べます。
2. 赤ちゃんを床の端に座らせ、パパ、ママは部屋の反対側の床に座りましょう。
3. こちらにくるように赤ちゃんを呼びます。
4. いろいろなものにふれながら、ハイハイで前進するのを待ちうけましょう。

バリエーション ひとつひとつ説明してあげながら、いろいろな肌ざわりのもので赤ちゃんを包んでみましょう。

注意 赤ちゃんが口に入れたりのどにつめたりしないように、そばで見ていてあげてください。

赤ちゃんはどんなことを学ぶの？

- **ものの区別**「これはなんだ？　パパのマフラーだ」
- **触感、温度などの感覚**「アルミホイルは少し冷たいよ」
- **運動神経**「得意のハイハイでどこまでも探検できるよ」

ママのお顔がたいへん！！

TRANSFORMING TAPE

これはもう赤ちゃんも大人も大爆笑の遊びです。「ママのお顔がたいへん！！」なのはたしかですが、いったいなにが起こったのでしょうか。ヒントはセロハンテープ。そう。これを使えば、見なれた大好きなママのお顔が、見たこともないような形相に変身してしまいます。赤ちゃんがおどろいてこわがらないよう、変身しながら楽しく話しかけるようにしてください。

必要なもの

・幅2センチメートル程度のセロハンテープ（透明のバンソウコウでもいいでしょう）
・鏡

遊び方

1. 赤ちゃんをひざにのせて、鏡の前に座ります。
2. セロハンテープを3センチメートルくらいに切ります。パパ、ママがおかしな顔をして、そのままテープで固定します。小さく切ったテープで、口をまげたり、まゆ毛をつりあげたり、鼻をつぶしたり、まぶたをひっぱったりすると、おもしろい顔になりますよ。
3. 鏡をのぞきこみながら、おもしろおかしく赤ちゃんに話しかけましょう。
4. 今度は赤ちゃんのほうを向いて、顔を見せてあげましょう。テープを一緒にはがしてみましょう。
5. いろいろな顔に変身して遊びましょう。

バリエーション 赤ちゃんの顔にもちょっとテープを貼ってみましょう。手や足に貼って自分ではがさせてもいいですね。

注意 赤ちゃんの顔に貼る時は、そっとやさしく。目や鼻や口に貼らないようにします。はがすのもゆっくりと。飲みこまないように注意しましょう。

赤ちゃんはどんなことを学ぶの？

- **感情表現**「ギャア！！　いきなりものすごいお顔でびっくりしたよ」
- **ユーモアのセンス**「見れば見るほどおかしいな。フフフフフ」
- **からだの感覚**「ボクも腕に貼ってもらったよ」

9 to 12 months

浮き輪から脱出だ!!

TUBING

赤ちゃんはハイハイをするころになると、足の使い方もずいぶんと上達してきます。立ちあがり、歩きだす日もそう遠くはないですね。その日にそなえて、足をうんと使う楽しい遊び「浮き輪から脱出だ!!」をやってみましょう。なんでも自分でためしたいという気持ちが強くなってきた赤ちゃんにぴったりの遊びです。

必要なもの

・浮き輪

遊び方

1. 床に浮き輪を置きます。
2. 赤ちゃんを浮き輪の真ん中に座らせます。
3. 赤ちゃんは浮き輪から抜けだそうと一生懸命です。
4. 成功したら、たくさんほめてあげましょう。

バリエーション 浮き輪をいくつかならべてみましょう。
ふたつ重ねて、そのなかに赤ちゃんを座らせてもいいですね。

注意 浮き輪の空気口が飛び出している場合は、テープでとめて赤ちゃんがけがをしないようにしましょう。
出られなくてこわがるようなら、お手本を見せましょう。

赤ちゃんはどんなことを学ぶの?

- **探検**「あざやかに脱出してみせるよ」
- **運動神経**「ずいぶんと足を使う遊びだな」
- **問題解決**「おしりを持ちあげて、手をじょうずについて、ホラ成功だ!!」

世界最長トンネルくぐり

TUNNEL CRAWL

ハイハイできるということは、赤ちゃんにとって、新しい世界を探検できるということです。こんなにうれしいことはありません。新発見につぐ新発見なのですから。パパ、ママも赤ちゃんが自分の力で世界を広げていく様子をあたたかく見守ってあげてくださいね。さて、障害物をたくさんかくした世界最長トンネルをとおって、赤ちゃんはどんな世界にたどりつくでしょうか。

必要なもの

・赤ちゃんがとおりぬけられるくらいの大きさのダンボール箱を3個
・はさみ
・ガムテープ
・ぬいぐるみ、クッション、おくるみなど

遊び方

1. ダンボール箱の上下を切りとって筒状にし、3つぶんを貼りあわせてトンネルにします。
2. 部屋の真ん中にトンネルを置きます。
3. ぬいぐるみやクッションをトンネルのなかに入れましょう。おくるみを入れると、ちょっと滑りやすくなるかもしれません。
4. 赤ちゃんをトンネルの入り口に座らせ、パパ、ママは反対側にまわります。
5. トンネルをのぞきこんで赤ちゃんを呼んでみましょう。おもちゃで注意をひいてもよいでしょう。
6. 無事にトンネルを抜けられたら、ほめてあげましょう。
7. 赤ちゃんが満足するまで繰り返し遊びましょう

バリエーション 赤ちゃんがトンネルになれたら、入り口と出口に布をぶらさげてみましょう。赤ちゃんはどうするでしょうか？

注意 こわがって入りたがらないようなら、無理強いしないようにしましょう。しばらくトンネルを部屋に置いておき、なれたらまたトライしてみましょう。

赤ちゃんはどんなことを学ぶの？

- **探検**「ワクワクしどおしだな、トンネルのなかは」
- **運動神経**「トンネル好きは疲れ知らずだよ」
- **問題解決**「長い旅も無事にクリアできたよ」

ガラガラがっしゃん！！

WHOOPSY-DAISY!

積み木のタワーが作れるようになるより先に、赤ちゃんはまず、なんでもこわしてみたがります。こわすほうが音も派手で、指先の繊細な動きも必要ないからです。ですから、パパ、ママが作る係、そして、赤ちゃんがいちばん楽しいこわす係というように、手わけして遊びましょう。でも、赤ちゃんが作りたがったら、どんどんやらせてあげてくださいね。

必要なもの

・大きな積み木（市販品でも、牛乳パックで作ったお手製のものでもＯＫ）
・引き出しのなかなどに敷く片面に糊のついた加工紙
・広い床面

遊び方

1. 大きな積み木を用意します。
   牛乳パックを利用する場合はよく洗って、
   好きな形にして、テープでとめましょう。
   きれいな紙を貼ってもいいでしょう。
2. 積み木をたくさん床に置いて、赤ちゃんを座らせます。
3. 積み木のタワーを作りましょう。
4. タワーができあがったら、
   赤ちゃんにこわしてもらいましょう。
5. 何度も繰り返して遊びましょう。

バリエーション　おもちゃ、本、箱など、積み重ねられるものを使って遊んでもいいでしょう。

！注意　けがをしないように、重いものは使わないようにしましょう。

赤ちゃんはどんなことを学ぶの？

●**原因と結果**「積んだタワーにチョップするとガラガラがっしゃーんだよ」
●**細かい運動神経**「タワーを作る時は、1個ずつ、つかんでのっけていくんだよ」

着ぶくれ母さん

ZIP 'N' SNAP

もうじきに、赤ちゃんはいろいろなことが自分でできるようになります。じょうずにできなくても、とにかく自分でやりたがるようになります。洋服の脱ぎ着も例外ではありません。でも、意外に洋服の脱ぎ着はむずかしいものです。ボタンははめられるかな？　チャックはうまく滑らすことができるかな？　「着ぶくれ母さん」で遊びながら、少しずつ練習しましょう。

必要なもの

・ボタン、チャック、ホック、マジックテープ、ひもなどのついた服

遊び方

1. ボタン、チャック、ホック、マジックテープ、ひもなどのついた服をたくさん用意します。
2. パパ、ママが全部重ね着します。
3. 赤ちゃんと向きあって座りましょう。
4. 赤ちゃんに見せながら、1枚ずつ脱いでいきましょう。赤ちゃんに脱ぐのを手伝ってもらいましょう。おどろいたり喜んだりしながら一緒に楽しみましょう。
5. 全部脱げるまでつづけます。

バリエーション　今度は赤ちゃんに着せてみましょう。
お人形に着せて、赤ちゃんと一緒に脱がせてみましょう。

! 注意　**赤ちゃんがイライラしないように、必要に応じて手伝ってあげてください。**

赤ちゃんはどんなことを学ぶの？

- **期待感とおどろき**「ママがひと皮むけちゃったら、またお洋服が出てきたよ」
- **原因と結果**「ボタンをはずして、ソデを抜くと、脱げるんだね」
- **自主性―着がえ**「ママみたいにじょうずにお洋服を脱いでみたいな」

12 to 18 months

第5章

ふれあい遊びレシピ 12～18ヵ月

12 to 18 months

パパ＆ママへのメッセージ

●いたずら、バンザ〜イ！

1歳をこえると、赤ちゃんは身近なものを使っていろいろな遊び方をするようになります。大人には困ったいたずらにしか見えませんが、赤ちゃんにとっては楽しくてしかたのない遊びなのです。たとえば、なんでもひっぱりだすのが好きですから、ティッシュペーパーをひと箱全部出してしまうなんていうことも。本章にも紙を使った遊びが出てきますが、もっと単純に紙をビリビリやぶくことも大好きです。大人はついつい「ダメよ、やめなさい」と言いたくなってしまいますが、ティッシュひと箱ですむのなら、たまには思うぞんぶんやらせてあげたい。なんでも「ダメ」と言って制止するのではなく、「それも成長の証なんだ」と思って見守ってあげてほしいですね（とは言っても実際にはたいへんですが）。パパ、ママが「いたずら、バンザ〜イ」というくらいの気持ちでこの時期をのりこえられたら、きっと素敵な子に育つのではないかなと思います。

●広がる遊びのレパートリー

このころになると、ものごとの因果関係がわかるような遊びに興味を持つようになってきます。さわったら動いたとか、押したら音が出た、ひっぱるとなかから出てきたとか、自分がアクションを起こしたらなにか結果が出るという類の遊びです。もうひとつ、赤ちゃんが好きなのがまねっこ遊び。パパ、ママのすることはなんでもまねしたい。食べるまねからはじまって、お料理のまねをしてみたり、家のなかの仕事のまねをしてみたり、まわりの大人にあこがれて、まねをしながら少しずつ成長していくんですね。ですから、遊びのなかにもそうしたまねっこの要素を取りいれていくといいと思います。

歩きはじめるようになると、赤ちゃんの動きはどんどん活発になってきます。垂直方向にもますます興味がわいてきますから、のぼったりおりたり、くぐったり入りこんだりということをさかんにやりたがるようになります。ですから、追いかけっこやおいでおいで遊びのような、からだを使った遊びをたくさんしてあげるといいですね。第5章にもそうした遊びが紹介されていますから、参考にしてください。からだのバランスもかなりじょうずにとれますから、多少アクロバティックな動きをしても大丈夫です。

●気持ちが向きあっているということ

赤ちゃんが「もっと遊びたいよ」というサインを出していても、やむなく中断しなければならないことはよくあります。できることなら、赤ちゃんがなにかに興味をしめしている時にはそのままつづけさせてあげたいですが、そうも言っていられないことがあるのはたしかです。とくに「十分接してあげる時間を作れない」という声はよく聞かれます。そのことで「努力がたりないんじゃないか」と自責の念にかられているママもいます。でも私は「時間の長さではなく濃さがいちばん大切なのではないか。たとえたくさんでなくてもいいから、しっかり赤ちゃんと向きあうことのできる、安心で確実な時間を作ってあげられればいいのではないか」と思います。

ご飯を作りながら、洗濯ものを干しながら、形としては顔と顔が向きあっていなくてもいいから、気持ちだけはしっかりと向きあっているということがあれば、それでいいのだと思います。赤ちゃんは先ほどもふれたようにまねっこが好きですから、たとえば洗濯ものを干している時なら、ぬらしたハンカチを箱に入れてあげて、「一緒に洗濯ものを干そうね」。そして「じょうずに干せたねぇ。早く乾くといいねぇ」ということでいいのです。気持ちが向きあうというのはそういうことだと思います。

買いものに出かけた時、お散歩に出かけた時、道ばたでタンポポを見つけたら、ほんの少しでも立ちどまって一緒に眺めてあげる。それこそ、時間で言ったら数分のことですが、赤ちゃんにとっては、パパ、ママと気持ちを共有できたということが、なによりも素敵な体験になるのです。

（頭金　多絵）

赤ちゃんハウスにようこそ!!

BABY'S HOUSE

ちょっと前までは、かた時もパパ、ママのそばから離れられなかった赤ちゃんですが、このころになると、少しずつ自分の世界を広げ、自立心を持つようになります。そこで、1歳になったお祝いに小さな赤ちゃんハウスを作って、独立心を味わわせてあげましょう。想像力が発達してくるにしたがって、このおうちは赤ちゃんの砦や洞穴や宇宙船にもなるでしょう。

必要なもの

・テーブル
・シーツ、毛布などの大きい布
・広い床面
・懐中電灯

遊び方

1. 広い床の真ん中にテーブルを置きます。
2. シーツや毛布で覆っておうちのようにします。
3. 1ヵ所、コーナー部分の布を持ちあげて
ドアにしましょう。
4. なかに赤ちゃんと一緒に入ります。
5. ドアをしめて、
新しいおうちを一緒に楽しみましょう。
6. 赤ちゃんが平気なようなら、
なかでひとりで遊ばせます。
7. なかが暗かったら懐中電灯を使わせてあげてもいいですね。

バリエーション シーツに窓などを描くとさらに家らしくなります。
おもちゃやクッションや小さいイスを自分で入れさせてみましょう。

注意 ひとりでなかに入るのをこわがらないか、よく見ていてあげましょう。
おうちのドアをあけておいてもよいでしょう。

赤ちゃんはどんなことを学ぶの?

- **認識力と思考力**「ここが玄関です。ノックをしてみようかな」
- **想像力、創造性**「おうちの窓をあけると、海に浮かんだお船が見えるんだよ」
- **自意識、親と離れること**「私のおうちに今日はパパとママを招待してあげようかしら」
- **空間の感覚**「壁も天井もあって、立派なおうちだよ」

芸術家魂！！

BODY ART

赤ちゃんは成長にするにしたがって、自分のからだとその動き、はたらきに興味を持つようになります。描いたり塗ったりが大好きな赤ちゃんに、からだをキャンパスに見立てて、自由に芸術家魂を発揮してもらいましょう。使う絵の具は口に入れても安全な小麦粉と水でかんたんに作れます。

必要なもの

(小麦粉と水は基本の分量ですが、たっぷり遊びたいので2倍以上の分量で作ることをおすすめします)
- 小麦粉大さじ2～3程度
- 水300cc
- 赤、青、黄色などの食品着色料
- 浴室など絵の具遊びができる場所

遊び方

1. 絵の具のもとを作ります。鍋に水と小麦粉を入れて火にかけ、みたらし団子のタレくらいまで煮つめます。
2. ちょうどいい濃度になったら火からおろし、用意した色の数に取りわけます。それぞれに少量の水でといた着色料を入れてよくかきまぜます。
3. あら熱を取ります。
4. 浴室などで、赤ちゃんをはだかんぼにします。
5. お手製絵の具で赤ちゃんの腕に点々を描きましょう。
6. 赤ちゃんと一緒に指先でからだのあちこちに絵の具を伸ばして楽しみましょう。
7. 好きなだけ遊ばせて洗い流し、繰り返して遊びましょう。

バリエーション 赤ちゃんに、パパ、ママのからだにボディペイントしてもらいましょう。

注意 絵の具が目に入らないように気をつけましょう。あまった絵の具はすててください。

赤ちゃんはどんなことを学ぶの？

- **創造性**「赤と黄色をまぜちゃうと何色になるのかな？　いろんな色をまぜちゃお！」
- **自意識**「私のあんよにもっとたくさん点々を描いて」
- **感覚の刺激**「点々描く時はくすぐったいな。伸ばす時はマッサージみたいだよ」

すてきなドライブ日和

BOX CAR RACES

はじめての自分の車です！　すてきな新車を前にして、もうすっかり大人気分。あき箱の車でどこに出かけましょうか？　作り方はかんたんです。ダンボール箱と絵の具さえあれば、あっという間にできあがりです。車体には、赤ちゃんの好きな絵を描いてあげましょう。あとは、赤ちゃんの自由な想像力で、元気に車を走らせてください。

必要なもの

- 赤ちゃんのからだが楽に入るダンボール箱
- ポスターカラーかフェルトペン
- １メートルくらいのひも
- 広い床面

遊び方

1. ダンボール箱の上下を切りとり筒状にします。
2. ポスターカラーかフェルトペンで車のディテールを描きます。ドア、ヘッドライト、テールランプ、グリル、タイヤ……。正面に顔を描いてもいいでしょう。赤ちゃんにも手伝ってもらいましょう。
3. 両側面の上部に赤ちゃんの手が入るくらいの穴をあけます。ここに赤ちゃんが手を入れて車体を持ちあげます。
4. 車にのったら、いざ出発！

12 to 18 months

バリエーション　前方から後方にひもを2本とおして肩にかけられるようにすれば、車を手で持たなくてすみます。車の絵のかわりに動物の絵を描いてもいいですね。

注意　ダンボールの切り口や穴の周辺にビニールテープを貼って、赤ちゃんの手が痛くないようにしましょう。

赤ちゃんはどんなことを学ぶの？

- **運動神経**「だんだん加速していくよ。時速100キロもなんなくクリア！！」
- **想像力、ごっこ遊び**「道がけわしくなってきたよ。山の頂上に向かっているのかな？」
- **社交性**「パパ、ママも一緒に出かけませんか？」

ワクワクびっくり箱

BOX-IN-A-BOX

箱、箱、箱、箱、箱……。どこまでいけば、最後のひとつにたどりつくでしょうか。なかにはなにが入っているのか、期待はどんどんふくらんでいきます。赤ちゃんはつぎの展開にワクワクしながら、箱あけ作業に没頭するはず。その一生懸命な様子は一見の価値ありです。ぜひ最後の箱には、とびきりすてきなものを入れておいてあげましょうね。

必要なもの

- さまざまなサイズの箱
- 小さいおもちゃやお菓子

遊び方

1. 順々に内側に重ねられる箱をたくさん用意します。
2. 最後に発見するいちばん小さい箱には、とっておきのおもちゃかお菓子を入れます。
3. 小さい箱のふたをしめて、順番に箱を重ねていきます。
4. 準備がととのったら赤ちゃんを部屋に呼んでふたをした大きな箱を見せます。
5. 「なにが入ってるんだろう？」と聞いてあけさせてみましょう。
6. つぎの箱が出てきたら「また箱が出てきちゃった！」と言って箱を取りだし、ふたをあけさせましょう。
7. 最後の小さい箱にたどりつくまでやりましょう。

バリエーション 出した箱を順々に入れながら、もとにもどしてみましょう。

注意 箱は赤ちゃんにあけやすくしておきましょう。

赤ちゃんはどんなことを学ぶの？

- **ものの存在**「なかから箱がつぎつぎ出てくるよ」
- **問題解決**「ぜ〜んぶ出したら、すてきなおもちゃがこんにちわって出てきたよ」
- **仕わけ、判別、順番**「今度は箱を順番に入れていこう。大きさに注意しなくちゃね」

エベレスト登頂！！

CLIMB THE MOUNTAIN

足の発達は、赤ちゃんの世界を飛躍的に広げます。じょうずに足を使えるようになってくると、赤ちゃんはその実力をためしたくてしかたありません。はったり、伝い歩きするだけでは気がすみません。床よりも高いところを見つけたら、よじのぼるのがお約束。お山のてっぺんからの眺めは、地上では味わえない爽快感をもたらすのでしょうね。

必要なもの

- **大きなクッション、しっかりした箱、小さいイスなどのぼれるもの**
- **毛布**

遊び方

1. 床に毛布を敷きます。
2. のぼれるものを間隔をあけて毛布の上にならべます。
3. 赤ちゃんにひとつひとつのぼらせましょう。
   必要なら手を貸してあげましょう。
4. ひとつひとつを征服したら、
   今度はいくつか寄せあつめて置いてみましょう。

バリエーション 低いものから高いものへ順番にならべてのぼってみましょう。
部屋の出口にならべてみましょう。

注意
赤ちゃんがバランスを失って落ちないように、つねに見ていましょう。
落ちても安全なように床に毛布などを敷いておきましょう。

赤ちゃんはどんなことを学ぶの？

- **探検**「今日は、標高50センチのエベレストに挑戦だ！！」
- **運動神経**「登山家としてのからだの使い方も完璧だよ」
- **問題解決**「がんばってのぼれば、あの爽快感を体験できるんだな」

どちらにお出かけ？

FOLLOW ME!

自由にいきたいところに移動できるようになってくると、赤ちゃんは動くものを追いかけるのに熱中します。もうすっかりなれたおうちのなかを、あっちこっち移動しながら遊ぶ「どちらにお出かけ？」は、そんな赤ちゃんにぴったりです。どこにおもちゃがお出かけするのか予想ができないだけに、赤ちゃんは一瞬たりとも気が抜けません。

必要なもの

- 赤ちゃんの好きな小さいぬいぐるみ
- 1.5〜2メートルのひも

遊び方

1. ひもの先にぬいぐるみを結びつけます。
2. 部屋の真ん中にぬいぐるみを置きます。
3. ひものもういっぽうの先端を別の部屋にかくします。
4. 赤ちゃんをぬいぐるみのところに連れてきましょう。
5. パパ、ママはべつの部屋でひもをひっぱって、ぬいぐるみをちょっと動かし赤ちゃんの注意をひきます。
6. ひもをひっぱりながら、家中あちこちに移動させてみましょう。
7. ひととおりの部屋をまわったら、赤ちゃんにひもを見せてあげましょう。

バリエーション パパにひもをひいてもらって、ママは赤ちゃんと一緒に「どこに行くんだろう？」と言いながらぬいぐるみを追いかけてみましょう。

注意 けがをしないよう、あぶないところへはいかないようにしましょう。
赤ちゃんからかくれていても、赤ちゃんの様子をしっかり見ていましょう。

赤ちゃんはどんなことを学ぶの？

- **探検**「おもちゃのゆくえを追いながら、ついでにおうち探検だ」
- **運動神経**「追跡をかわそうとしても、どこまでもついていっちゃうからね」
- **目でものを追うスキル**「ゆっくり動いていると思ったら、突然早く動きだしたぞ」

ひと～つ、ふた～つ、みっつめは？

JOLLY JUGGLER

両手がじょうずに使えるようになると、器用にものに手を伸ばしたり、つかんだりして、ちょっと得意顔。でも、同時にふたつもみっつもすてきなおもちゃを出されたら、どうしたらいいの？全部ほしい赤ちゃんにはじつに悩ましい問題です。いちばんよさそうなのだけを手にするのか、うまくみっつ手にするのか、赤ちゃんの個性が見えてきそうです。

必要なもの

・つかみやすいおもちゃを3個

遊 び 方

1. できれば、赤ちゃんがはじめて見るおもちゃを用意します。
まだおもちゃはかくしておきます。
2. 赤ちゃんを床に座らせるか立たせます。
3. ひとつめのおもちゃをわたして、じっくり観察させましょう。
いちばんすごいおもちゃは最後にとっておきます。
4. ふたつめのおもちゃをわたします。
赤ちゃんは、ひとつめのおもちゃを片手に持ったまま、
もう片方の手でふたつめのおもちゃをつかむでしょうか？
5. もしひとつめのおもちゃを手から放してしまったら、
また手に持たせましょう。
両手にひとつずつおもちゃを持たせてあげましょう。
6. 両手のおもちゃで十分遊んだら、
みっつめのおもちゃを出して赤ちゃんの反応を見ましょう。

バリエーション もっともっとたくさんのおもちゃをつぎつぎにわたしてみましょう！
びっくりするかな？　それとも笑いだすかな？

注意 安全なおもちゃで遊びましょう。足に落としても痛くないものを用意しましょう。

赤ちゃんはどんなことを学ぶの？

- **両手のコーディネーション**「右手、左手、両方落とさずに持つのってむずかしいな」
- **細かい運動神経**「つかんだり放したり、ずいぶんじょうずになったでしょ」
- **問題解決**「いちばんすてきなおもちゃを手に入れる方法がわかったよ」

ズバリあてちゃうよ！

LISTEN UP!

この1年の間に赤ちゃんの五感はめざましく発達しました。もうずいぶん、いろいろなことがわかるようになっているでしょう。「ズバリあてちゃうよ！」は、赤ちゃんのお耳が主役の楽しい遊びです。この音がするのはどのおもちゃかな？と考えながら、あてっこをしてみましょう。赤ちゃんは、パパ、ママの想像以上に高い正解率をしめすかもしれませんよ。

必要なもの

・鈴、ガラガラ、ラッパ、棒、鳴るおもちゃ、おしゃべり人形など音の出るものを5個くらい
・おくるみ

遊び方

1. 床に音の出るものをならべます。
2. その上におくるみをかけます。
3. ここで赤ちゃんを連れてきます。
おくるみをめくって全部の音をひとつずつ聞かせます。
4. ふたたびおくるみをかぶせます。
5. 今度は赤ちゃんに見えないように、
端っこを持ちあげてひとつだけ音をたててみましょう。
6. おくるみをどけて、さっきの音がどれだったか
あてさせてみましょう。
よくわからないようなら赤ちゃんに見えるように
ひとつずつゆっくり音を出して、あててもらいましょう。
7. 繰り返して遊びます。

バリエーション 今度はパパ、ママがあてる番です。
うしろを向いて赤ちゃんに音を出してもらいましょう。

注意 あまり大きな音の出るものは、赤ちゃんがびっくりするので使わないこと。

赤ちゃんはどんなことを学ぶの？

● **原因と結果**「あのガラガラがもぞもぞしたからガラガラって鳴ったんだね」
● **聞く力**「耳をすませて集中して……。うん、わかったよ」

12 to 18 months

マーチング・ゴムバンド

MUSIC MAESTRO

赤ちゃんは、とにかくからだを動かせることが楽しくてしかたありません。“じっとしている”なんて、赤ちゃんの辞書には書いてないにちがいありません。だったら、じっとしていないということをうまく利用して、楽しく遊んでしまいましょう。「マーチング・ゴムバンド」は、赤ちゃんの動きににぎやかな音をプラス。ますます、動きまわるのが楽しくなってしまいます。

必要なもの

・1センチメートル幅のゴムひもを60センチメートル
・鈴10個
・針と糸

遊び方

1. 赤ちゃんの手首や足首のサイズに合わせてゴムひもを切ります。きつくないようにかげんします。
2. 端を縫いあわせて輪にします。
3. はめた時に向かいあわせになるように、ひとつの輪にふたつ鈴やベルをつけます。
4. 赤ちゃんの手首や足首に、鈴つきの輪をはめます。
5. 歩きまわったり腕をふったりしながら、鈴を鳴らしてみましょう。

バリエーション パパ、ママ用も作って一緒に行進してみましょう。赤ちゃんのウェストにつけてもいいですね。

注意 飲みこむとあぶないので鈴は取れないようにしっかりつけます。

赤ちゃんはどんなことを学ぶの？

- **原因と結果**「右手は大きい鈴のパート。元気よくふると元気に鳴るよ」
- **運動神経**「腕をふりふり、おしりをふりふり、じょうずにマーチできるよ」
- **聞く力**「鈴の音ひと～つ、鈴の音ふた～つ。音が重なると楽しいね」

ペーパー七変化！

PAPER PLAY

赤ちゃんにとって楽しいおもちゃは、たくさんありますね。でも、高価なおもちゃや特別なおもちゃがなくても、身近なところに最高に楽しいおもちゃがありますよ。大人にとってはただの紙でも、赤ちゃんにとっては楽しみ方無限大の魔法のようなおもちゃなのです。大人も赤ちゃんのように自由な発想で、遊びの楽しさを味わってみたいものですね。

必要なもの

・コピー用紙、厚紙、アルミホイル、和紙、色紙、包装紙などさまざまな紙

遊び方

1. 赤ちゃんを床に座らせます。
2. 1枚ずつちがう紙をわたして、遊ばせてみましょう。
3. 赤ちゃんが全部の紙を調べおえたら、まるめたり飛ばしたり折ったり、いろいろな遊び方を見せてあげましょう。
4. 赤ちゃんと一緒にいろいろな遊び方を楽しみましょう。

バリエーション 紙をさまざまな形に切って、組みあわせて色や形を楽しみましょう。

12 to 18 months

注意 赤ちゃんが紙を口に入れないように、よく注意しましょう。

赤ちゃんはどんなことを学ぶの？

- **認識力**「こちら厚紙。まるめたり折ったりはむずかしいもよう」
- **感覚の探求**「和紙はなんだかあったかい手ざわりだね」
- **細かい運動神経**「もみじみたいなお手てでもじょうずに折ることができるよ」

ストライク決まったよ

SOCK BALL

あたっても痛くないソックスボールは、赤ちゃんの遊びにぴったり。やわらかくてつかみやすいという点でもすぐれものです。ものをにぎることもラクラクできるようになったら、将来の大リーガーを夢見ながら、投げっこをして遊びましょう。じょうずに取れるかな？　じょうずに投げられるかな？　しだいに野球選手らしく見えてくるから不思議です。

必要なもの

- **きれいな大きいソックスをできるだけたくさん**
- **大きなバケツか容器**

遊び方

1. きれいな大きいソックスを集めて、まるめてボールにします。
2. 部屋の真ん中に大きなバケツか容器を置きましょう。
3. ソックスボールをそのなかに入れます。
4. パパ、ママはバケツの横に、赤ちゃんは少し離れたところに座ります。
5. 赤ちゃんのほうへボールをころがしてあげましょう。キャッチできるかな？
6. ボールを全部ころがしたら、赤ちゃんを立たせてボールをバケツに投げこませてみましょう。入らないようなら近くから投げてみましょう。バケツの上からボールを落とすだけでもＯＫ。ストライクが入るように応援しましょう！

12 to 18 months

バリエーション　バケツに投げこむかわりに、キャッチボールしてみましょう！

注意　**ほんとうのボールを使う時は、やわらかくてつかみやすいものにしましょう。**

赤ちゃんはどんなことを学ぶの？

- **目と手のコーディネーション**「ストラスクゾーンを確認したよ、投げるよ」
- **運動神経**「ねらいをさだめて、直球ど真ん中にポーン」
- **社交性**「ナインをそろえたいものだなぁ……」

ブラボー！赤ちゃんライブ!!

STRIKE UP THE BAND

聞くだけでも楽しいさまざまな音を、ぜひ赤ちゃんに演奏してもらいましょう。特別な楽器は必要ありません。おうちのなかには、たたけば音の出るものがたくさんあります。天性のミュージシャンである赤ちゃんは、きっとすばらしい演奏で、パパ、ママを楽しませてくれますよ。記念すべき、はじめてのライブ・パフォーマンスです。

必要なもの

・音の出る家庭用品（洗面器、バケツ、プラスティックのボウル、木のスプーン、ハケ、あき箱、あき缶、からの牛乳パック、スプーン、プラスティックのコップなど）

遊び方

1. 音の出る家庭用品を床にたくさんならべます。
2. 真ん中に赤ちゃんを座らせて、自由にさわらせてみましょう。
3. たたいたり、つついたり、ふったり、ゆすったり……赤ちゃんの好きな演奏法で、いろいろな音を出させてみましょう。
4. 今度は、音楽をかけてリズムに合わせて演奏してみましょう。

バリエーション おもちゃのピアノやドラム、ハーモニカ、トライアングルなど子ども用の楽器を使ってもいいでしょう。

! 注意 とがったものやあぶない家庭用品は避けましょう。

赤ちゃんはどんなことを学ぶの？

- **原因と結果**「あき缶たたけばカーン、牛乳パックたたけばポン」
- **細かい運動神経**「ゆっくりのテンポでも速いテンポでも見事な演奏でしょ」
- **リズム感と動き**「ボクの好きなミュージックに合わせてトコトコトン」

運命の“ひも”

SURPRISE STRING

赤ちゃんは少しずつ、ひとり遊びもできるようになります。ただし、熱中できるワクワク感がないと、見向きもしないかもしれませんが。この「運命の“ひも”」はお母さんが手が放せないいそがしい時にぴったりです。ひもをたぐりよせて、おもちゃを見つけた時の喜びは、何度繰り返しても色あせることはありません。すばらしい!!

必要なもの

・小さいおもちゃ4個
・40センチメートルくらいに切ったリボンやひもを4本
・セロハンテープ

遊び方

1. ひもの端にひとつずつおもちゃを結びつけます。
2. 反対側の端を、テーブルに貼ります。
3. 赤ちゃんをテーブルの前に座らせます。
4. まずリボンやひもをじっくり観察させてあげましょう。
5. 少し様子を見て、ひもをひっぱらないようなら、ひっぱって見せましょう。
おもちゃがあらわれたら、一緒におどろきましょうね。
6. ほかのひもを赤ちゃんにひっぱらせます。
7. 4つともテーブルの上にひきあげたら、また下に落として繰り返して遊びましょう。

バリエーション おもちゃのかわりに動かすと音の出るものを結んでおき、音のちがいを楽しみましょう。

注意 リボンやひもにからまらないように、いつも注意して見ていましょう。

赤ちゃんはどんなことを学ぶの?

- **原因と結果**「ひっぱるってことの先に、おもちゃ出現なんだね」
- **注意力**「指先の動きをじょうずにしないと、またいちからやりなおしになっちゃうな」
- **自主性**「ママ、お仕事していていいよ。ひとりで運命のひもと遊ぶから」

右くん、左くん

TALK TO THE HAND

手ですら、楽しいおしゃべり相手にしてしまう赤ちゃんは、友だち作りの天才かもしれません。右くん、左くんそれぞれにお返事したり、お手て同士でおしゃべりさせたり、それはそれはにぎやかです。時には、そこにパパ、ママの右くん、左くんも仲間に入れてもらいましょう。

必要なもの

・洗ってある赤ちゃんの白いソックス1組
・洗ってある大人の白いソックス1組
・手芸用の目玉、毛糸、フェルト布など
・手芸用ボンドか針と糸

遊 び 方

1. 赤ちゃんのソックスと大人のソックスに、カラフルな顔を描いて動物やモンスターにします。かかとは口に、つま先は鼻にしましょう。目も描きましょう。作り方とはめ方は41ページの絵を参考にしてください。
2. 手芸用ボンドでグルグルまわる目玉やフェルトの舌、毛糸の髪をつけてもよいでしょう。
3. 赤ちゃんを座らせます。
4. 赤ちゃんもパパ、ママもソックスを手にはめます。
5. ソックスのパペット同士でお話ししてみましょう。楽しい話題や新しい言葉も取りいれてみましょう。

バリエーション 赤ちゃんを観客にして、パパ、ママがパペット・ショーをして見せてあげてもいいですね。

注意 部品がはずれて赤ちゃんが飲みこまないように、しっかり注意しましょう。

赤ちゃんはどんなことを学ぶの？

●**細かい運動神経**「右くんはちょっと早口なの。だからこうやってたくさんパクパクするの」
●**言語の発達**「おしゃべりすると、いろいろなお話が聞けて楽しいよ」

もしもし、どちらさま？

TUBE TALK

この時期は言葉がとても上達する時期です。1歳のお誕生日のころはひとつしか言えなかった言葉も、1歳半ころになると50くらいに増えていることがあります。できるようになったことは、なんでもためしてみたい赤ちゃんは、おしゃべりにも意欲満々です。「もしもし、どちらさま？」は、いつもとちがった感じに聞こえる魔法の筒で、いっそうおしゃべりが楽しくなります。

必要なもの

- ペーパータオルやアルミホイルなどの芯を2本
- なめても安全なフェルトペン
- 声

遊び方

1. 筒に色を塗ってきれいにかざりましょう。
2. 1本の筒をパパ、ママの口にあてて、赤ちゃんに話しかけてみましょう。声が大きく聞こえますよ！
3. 赤ちゃんにもう1本の筒をわたして同じようにお話しさせてみましょう。筒に口をあてて筒のなかに向かって声を出すように、手伝ってあげましょう。
4. 赤ちゃんと一緒に筒のなかに向かっていろいろな音をたててみましょう。

バリエーション 厚紙を円錐状にまるめてテープでとめるとメガホンができます。筒によって声や音がちがいます。いろいろ楽しみましょう。

注意 赤ちゃんが口をつけますので毒性のないペンを使用してください。
筒の端が痛くないように注意してください。

赤ちゃんはどんなことを学ぶの？

- **発音、話し方の向上**「もっともっと、おしゃべりしたいよぉ」
- **言語の発達**「頭の倉庫に、新しい言葉がどんどん入っていくよ」
- **聞く力**「魔法の筒の向こうから、いまママの声が聞こえておりま〜す」

考える“足”

WALK THE LADDER

1歳から1歳半の間に赤ちゃんは歩くことをマスターします。じょうずに歩けるようになったら、タオルのはしごを使った「考える“足”」遊びをしてみましょう。一歩、また一歩。じょうずに踏みだして前進できたら、うんとほめてあげましょう。赤ちゃんは遊びを通じて達成感を味わいます。達成感は新しいことにチャレンジする励みになりますね。

必要なもの

・フェイスタオルを7、8本
・輪ゴム
・広い床面

遊 び 方

1. タオルを棒状にまるめて、中央部数ヵ所と両端を輪ゴムでとめます。
2. まるめたタオルを20センチメートル程度の間隔をあけて床に置きます。これがタオルのはしごです。
3. まずパパ、ママがはしごの端から端まで歩いてみせます。タオルをまたぎながら床面を歩いてください。
4. 端までいったら赤ちゃんの名前を呼んで、今度は赤ちゃんにはしごをわたらせましょう。はしごをわたっている時の赤ちゃんは、一生懸命に考えながら歩いています。気が散らないように静かに見守りましょう。
5. パパ、ママのもとにたどりついたら、ほめてあげましょう。

バリエーション すっかりじょうずになったら、ところどころにおもちゃを置いて、おもちゃをひろいながらわたらせてみましょう。

注意 タオルを踏んで足を滑らせないように気をつけましょう。
床の上の障害物はあらかじめどかしておきましょう。

赤ちゃんはどんなことを学ぶの？

● **コーディネーションとバランス**「一歩一歩、じょうずにあんよを出すことができるよ」
● **運動神経**「何回もいったりきたりできるよ」
● **見る力と奥行き感**「はしごを踏まないようにするには、よぉく見ることだね」

大波小波でザブ～ン!!

WHOOSH BOOM!

ぐんぐんと成長するにしたがって、赤ちゃんはダイナミックな動きを求めるようになります。「大波小波でザブ～ン!!」は、ゆったり大きな動きが魅力の遊び。小さな動きからはじめて、少しずつ大きな動きになれていくようにするのがコツです。こうした遊びを通じて、赤ちゃんは全身のバランス感覚にみがきをかけていきます。

必要なもの

・ベッドや布団
・パパ、ママの腕

遊び方

1. 赤ちゃんが仰向けになるように両腕で横抱きします。
2. そのままゆっくり左右にゆらします。
3. 赤ちゃんの目をしっかり見つめて、言葉をかけてあげましょう。
4. 少しずつゆらし方を大きくしていきます。
5. そして、いよいよザブ～ン!! です。赤ちゃんのからだに手をそえたまま、ベッドかたたんで積みあげた布団の上に、頭のほうからやさしくふんわりとおろしてあげます。

バリエーション パパが赤ちゃんの肩、ママが赤ちゃんの足を持って、少し反動をつけて「1、2の3」でベッドや布団の上にふんわりおろしてあげます。

注意 赤ちゃんが首をいためないように、はげしくゆらしたり、高いところから落としたりしないように注意してください。

赤ちゃんはどんなことを学ぶの？

- **からだのバランス**「ユラユラゆれながらバランス感覚をやしなってるんだ」
- **運動神経**「からだ全体を使うでしょ、そうするといっぱい刺激を受けるの」
- **空間の感覚**「フワ～ンってお布団の上に落ちる瞬間がおもしろいんだ」

18 to 24
months

第6章

ふれあい遊びレシピ 18～24ヵ月

パパ＆ママへのメッセージ

●遊びの“間合い”と“こわおもしろさ”

1歳半をすぎて自分の意思をかたことで表現できるようになってくると、赤ちゃんは言葉のやりとりが楽しくてしかたありません。ですから呼んだり呼ばれたりをもりこんだ遊びはどんどんやってあげましょう。また「どうしたい？」「どっちがいい？」と本人に考えさせたり選ばせたりするのも大切なこと。言葉のキャッチボールを繰り返しながら、自意識が芽生え自立心が育っていくのです。

このくらいの年ごろになると、「間合い」を楽しむ遊びをとても好むようになってきます。ボールころがしのような遊びをする時でも、「ほ～ら、いくよ、いくよ」で注意をひき、ころがす動作の前に間を置く。「せ～の」というかけ声と同じ効果です。あとはどの年代の子どもにも喜ばれる遊びですが、パパやママが怪獣やオオカミなどになって、赤ちゃんを追いかけるという遊びがありますね。最初は赤ちゃんに気づかないふりをして、何回かチョンチョンとつつかれたのち、突然起きあがって追いかけていくというものですが、赤ちゃんにしてみたら、楽しいんだけどちょっとこわい。この感覚がたまらないようです。

●想像力が広げる“見立て遊び”の世界

2歳ころになってくると親のほうに欲が出てきて、「なにか子どものためになることをしなければ」とか、「知識を教えなくてはいけない」という考えになっていきがちです。すると遊びの場面でもこんなことが起こります。たとえば粘土遊びの時に親がなにかを作ってあげてしまう。でもじつは子どもにとってみたら余計なお世話なんですね。粘土遊びのようなものは最初に粘土をあたえたら、大人は手を出さずに、子ども自身の好きなようにやらせてあげる。子どもたちはじょうずな形を作ることはできなくても、大人顔負けの豊かな想像力で、ちぎったものをリンゴに見立てたりお団子に見立てたり、自由にその世界を満喫できるのです。そこを邪魔して大人が作ってしまうと、子どもは大人が作ったものには興味がありますから、それがほしくなってしまう。すると、もう自分で作ることをしなくなって「作って、作って」と大人にお願いするばかり。こうなると粘土遊び＝作ってもらうことになってしまいます。

●興味、関心、欲求、要求をまず受けとめて

粘土遊びの例もそうですが、大切なのは大人が先まわりをして知識を植えつけたり手本をしめすことではなく、子どものなかからわいてくる興味や関心をさえぎらないことです。お散歩に出た時もそう。「お花があるよ」という声を聞きとどけて、「ほんとだね、きれいだねぇ」と子どもの気持ちを受けとめてあげる。それがタンポポという名前だという話は、そのあとのこと。子どもはどんなに小さくても、興味・関心にしたがって、外の世界を感じて吸収していく力は備え持っています。そのことをわすれないでほしいなと思います。

大人が子どもの気持ちを、つい、ないがしろにしてしまう場面はずいぶんありますね。言うことを聞かない時やお友だちとおもちゃのとりっこをしている時など思いあたりませんか。でも、そんな時も反射的に「ダメよ、こうしなさい」と言いきってしまうのではなく、まず子どもの気持ちを受けとめてあげる。「このおもちゃがほしかったんだね。これ、きれいだものね、でもひとつだけ貸してあげようか」と認めてあげる。最初のうちはそう言っても子どもは「イヤだ」と言いはるでしょうが、何度も繰り返していくうちに、お友だちにも自分と同じようにおもちゃがほしいという気持ちがあるのだということ、つまり他人の気持ちを理解していくのです。遊びを通じて生活全般を通じて、興味・関心・欲求・要求をあらわしながら、子どもたちはさまざまな人との気持ちのやりとりを経験し、コミュニケーションを学び成長していきます。言ってみれば毎日が新発見、初体験の連続。そんな子どもたちの一瞬一瞬を大切に見守り受けとめながら、楽しい時間をともにすごしてほしいと思います。

（頭金　多絵）

ソロ～リソロリのっしのっし

ANIMAL WALK

赤ちゃんは、ずいぶんいろいろな動物の姿や名前をおぼえたのではないでしょうか。そこで、パパ、ママと一緒に、動物のユニークな歩き方をまねっこしてみましょう。意外と特徴をとらえてまねするのはむずかしいですよ。もしかしたら、赤ちゃんのほうがじょうずかもしれません。どっちがじょうずにできるかな？　何種類まねできるかな？

必要なもの

・動物の絵
・音楽

遊び方

1. 独特の歩き方をする動物の絵を選びましょう。
ゾウ（前後にゆらゆら歩く）、ネコ（つま先歩き）、イヌ（走る）、ツル（長い足を高く持ちあげる）、ヘビ（滑るように進む）、ネズミ（ちょこまか走る）、クモ（腕と足すべてを使って歩く）などから選んでみましょう。
2. 動物の歩き方に合う音楽をかけましょう。
3. 床の真ん中に立って、ひとつめの動物の絵を赤ちゃんに見せましょう。
4. その動物の歩き方をまねして見せましょう。
パパ、ママの想像力がためされます！
5. 赤ちゃんにうしろからついてくるよう、さそいましょう。
6. 一緒に動物歩きをしてから、つぎの動物に移りましょう。

バリエーション　パパ、ママが歩いて見せる前に、赤ちゃんにやらせてみましょう。何歩かごとに歩き方を変えて、赤ちゃんにもまねさせてみましょう。

注意　つまずかないように、床の障害物をどけてから遊びましょう。

赤ちゃんはどんなことを学ぶの？

- **想像力、創造性**「ゴリラはどんな歩き方をするのかなぁ？」
- **運動神経**「ネコの歩き方はつま先に力を入れて、音をたてないんだよ」
- **識別と仕わけ**「あの歩き方は、ヘビさんだね」

ナイス・シュート!!

BABY BASKETBALL

ボール遊びは、赤ちゃんの目と手の動きのコーディネーションや運動神経の発達をうながす絶好の遊びです。ボールを受けとめる、ボールを投げるということは、目でよく見て判断し、それに応じて手足を動かすという、なかなか高度で複雑な動作です。それだけに赤ちゃんにとっては達成感も十分。今日はドリームチームでのプレイを想像しながら、シュートを決めてみましょう。

必要なもの

- 直径25センチメートルくらいの軽いプラスティックのボール
- 大きなバスケット、バケツ、箱などゴールがわりになる容器
- 広い床面

遊び方

1. 部屋のなかか庭で、壁にそって
ゴール用の箱を置きます。
2. 30センチメートルほど離れたところに
赤ちゃんを立たせて、ボールをわたします。
3. ゴールに向かってボールを投げさせてみましょう。
4. かんたんにできるようなら、
1、2歩うしろにさがりましょう。
むずかしいようなら1、2歩前進します。

バリエーション バスケットを少しかたむけると、ボールが入りやすくなります。
赤ちゃんが立つ位置にテープかひもを貼りましょう。

注意 室内で遊ぶ時は、周囲にこわれるようなものがないよう注意しましょう！

赤ちゃんはどんなことを学ぶの？

- **目と手のコーディネーション**「ゴールまでの距離をよぉくつかんで、投げるよ」
- **運動神経**「はじめのころより、3歩うしろにさがって投げられるようになったよ」

お宝ここだよ

BURIED TREASURE

だんだん赤ちゃんはかくれたものを探しあてることがじょうずになってきます。どんなお宝がかくれているのか、どこにかくれているのか、ワクワクしながら挑戦するでしょう。「お宝ここだよ」は、パパ、ママのヒントを手がかりに、推理をはたらかせながら進めていく楽しい遊びです。ぜひ、一生懸命探す価値のある、とびきりのお宝を用意してあげてくださいね。

必要なもの

- 小さいおもちゃかお菓子
- 宝物をかくす部屋

遊び方

1. 赤ちゃんが大好きなおもちゃかお菓子を、部屋のどこかにかくしましょう。
2. かんたんすぎても、むずかしすぎてもおもしろくありません。探しやすいところにちょっと工夫してかくしましょう。
3. 赤ちゃんを部屋に呼んできて、「宝物をかくしたよ」と宣言しましょう。
4. 「近い近い！」とか「遠くなっちゃった！」とか、ヒントをあたえてあげましょう。
5. 赤ちゃんが見つけたら、また繰り返して遊びましょう。赤ちゃんがあきないように、べつのおもちゃをかくしてもいいですね。

バリエーション 今度は赤ちゃんが宝物をかくす役です。
パパ、ママは、すぐに見つけないようにゆっくり探してみましょう。

注意 部屋の安全を確認して遊びましょう。けがをしないよう、ものをこわさないよう、注意しましょう。

赤ちゃんはどんなことを学ぶの？

- **認識力と思考力**「えっ？　宝物はもっと遠いところにあるの？　こっちかな？」
- **言語の発達**「よしよし、ママのヒントがよくわかるぞ」
- **問題解決**「やったぁ！！　おもちゃのアヒルくんを見つけたよ」

ホントのクッキー屋さん

COOKIE COOK

キッチンは、言葉、手先の使い方、ものの判別など、いろいろなことを教えることのできる、遊びのネタの宝庫です。2歳近くになると、赤ちゃんも自分の手と頭を使って見よう見まねで作業ができますから、ぜひ本格的な作業に挑戦させてあげてください。遊びとは言いながら、自分で作ったクッキーがおやつになるのですから、こんなにうれしいことはありません。

必要なもの

・クッキー生地
・のし棒
・小麦粉
・クッキーカッターやクッキー型
・クッキングシート
・オーブン

遊び方

1. 軽く小麦粉をはたいた板の上に、クッキー生地を伸ばします。赤ちゃんにも伸ばしてもらいましょう。
2. 赤ちゃんと一緒にクッキーカッターや型で生地を切りぬきましょう。
3. 切りぬいた生地をクッキングシートの上にならべます。
4. オーブンで所定の時間焼き、出して冷まします。
5. 牛乳を用意しておやつタイムにしましょう！

バリエーション チョコやアイシングでクッキーに模様をつけてみましょう。

注意 赤ちゃんが手を切ったり刺したりやけどをしないように、つねに注意して見てあげてください。

赤ちゃんはどんなことを学ぶの？

- **認識力**「お星さんの形にきれいに型ぬきできたよ」
- **細かい運動神経**「型を生地に押しつけて、それをうまく取りだすこともできるよ」
- **言語の発達**「クッキー作りの説明をちゃんと聞いて、よくわかったよ」
- **数学と科学**「まるがひとつ、ふたつ、みっつ。パパとママと私のぶん」

ハイハイおばけがき～たよ！！

CREEPY CRAWLER

赤ちゃんは時々、小さかったころの行動をすることがあります。たとえば、もうじょうずに歩けるのにハイハイをしていたころの安心感を求めて、ハイハイをすることがあります。そんな時は、パパ、ママも一緒になって「ハイハイおばけがき～たよ！！」で、たっぷりハイハイを味わわせてあげましょう。“おばけ”が追っかけてくるスリル満点の遊びです。

必要なもの

・クッション、まくら、ぬいぐるみ、毛布などやわらかいもの
・広い床面

遊び方

1. 床いっぱいに用意したやわらかいものを広げます。
2. 赤ちゃんに部屋のすみからハイハイさせましょう。
3. うしろからパパ、ママもくっついてハイハイします。
4. 「ハイハイおばけがきたよ！」と言いながら、赤ちゃんをハイハイで追いかけましょう。
5. 赤ちゃんにハイハイで逃げさせましょう。
6. やわらかい障害物をのりこえて逃げたり追いかけたりします。
7. 今度は赤ちゃんに追いかけてもらいましょう

バリエーション 1ヵ所、ハイハイおばけが赤ちゃんをつかまえられない「安全地帯」を決めましょう。「安全地帯」から赤ちゃんが出てくるのを待って、また追いかけます。

注意 あまりこわがらせないようにしましょう。

赤ちゃんはどんなことを学ぶの？

- **こわいものに対するワクワク感**「ちょっとこわいけど、ワクワクしちゃう」
- **運動神経**「つかまらないように逃げるのに必死だよ」
- **問題解決**「逃げる先の障害物に気をつけてスルリととおりぬけたよ」

パパのお召しがえ

DRESS DADDY

赤ちゃんは、毎日、いろいろなものを見ながら、ずいぶんものの区別がつくようになってきました。着ているもので男女のちがいもわかるころです。パパとママ、それぞれのお洋服を区別することはできるかな？　どんな順番で着ているのかな？　小さなキョロキョロ観察者である赤ちゃんは本領を発揮できるでしょうか？

必要なもの

・パパの服一式とべつの人の服を何枚か
・広い床面

遊び方

1. いろいろな洋服をベッドか床の上に出します。
2. 「パパに洋服を着せるのを手伝って」と赤ちゃんにたのみます。パパに着せるものを赤ちゃんに選んでもらいましょう。
下着、ソックス、アンダーシャツなどからはじめましょう。
3. 選んでもらった服を床に広げてもらいましょう。
4. 下着の上にワイシャツ、パンツの上にズボンというふうに順番にならべていきます。
まちがえたらなおしてあげてください。
5. パパの着がえがおわったら、今度はママのお召しがえをしましょう。

バリエーション　大きなお人形に、赤ちゃんの洋服を着させてみましょう。

注意　取れかかったボタンがないか、チャックの部品、ピンなどでけがをしないように注意しましょう。

赤ちゃんはどんなことを学ぶの？

●**仕わけ、判別、順番**「パンツの上はワイシャツ、じゃないな」
●**細かい運動神経**「シワシワにならないようにじょうずに伸ばしながら広げてみよう」
●**性別の理解**「スカートはパパのじゃないよ」

アザラシくんの気分で

FROZEN FUN

赤ちゃん時代、子ども時代を通じて、お風呂はかっこうの遊び場です。しかも、ほとんど毎日入るのですから、バスタイムのレパートリーはどんどん増やしたいですね。バケツ、バスタブ、ホースなどを利用した遊びもいいですが、お湯と氷の組みあわせはことのほか、赤ちゃんの好奇心をかきたてるようです。じっくり観察している時は、そっと見守ってあげてくださいね。

必要なもの

・製氷皿
・小さいプラスティックの人形
・フリーザー
・バスタブ

遊び方

1. 小さいプラスティック人形を製氷皿に入れます。
2. 水を入れてこおらせましょう。
3. バスタブにお湯を入れます。
4. 赤ちゃんをバスタブに入れます。
5. できあがった氷をバスタブに浮かべます。
6. 赤ちゃんに氷で遊ばせましょう。
   氷がとけるとどうなるかな？

バリエーション 牛乳パックを使って人形を入れた大きな氷を作りましょう。
食紅などの着色料で色をつけても楽しいですね。

! 注意 お湯の温度に注意しましょう。氷がとけてぬるくなったら、お湯をたしましょう。
赤ちゃんがバスタブに入っている時は、かならずそばにいましょう。

赤ちゃんはどんなことを学ぶの？

● **原因と結果**「いい湯だな〜って言いながら、氷さん、消えちゃったよ」

● **探求**「氷さんは長湯が得意じゃないみたいだな」

18 to 24 months

あなたはなに組さんですか？

THE MATCH MATE

2歳に近くなって、ものの区別もできるようになってきたことでしょう。赤ちゃんは区別ができるようになると、今度は器用になった指先をじょうずに使って仕わけしてみたくなるようです。仕わけ遊びのために新しいおもちゃをいくつも買わなくても、ペットボトルのふたを利用すると、かっこうの遊び道具になりますよ。

必要なもの

・できるだけたくさんのペットボトルのふた
・1.5〜2リットルのペットボトル本体を3本
・3色のビニールテープ

遊び方

1. おもちゃを作ります。ペットボトルのふたをふたつあわせて、ビニールテープをまいてとめます。3色のテープで色わけします。
2. ペットボトルのカーブした肩の部分から上を切りはなし、下の部分のふちにビニールテープをまきます。3個作りテープで色わけします。
3. テーブルの上に作ったふたとペットボトル容器を全部のせます。しばらく好きなように遊ばせてあげましょう。
4. まずパパ、ママが「あなたはなに組さんですか？」と言いながら、ふたを同じ色のテープをまいた容器に入れてみせます。
5. 赤ちゃんに残りのふたを組わけしてもらいましょう。

バリエーション ふたのなかにビーズ、米粒、豆、鈴などを入れて作ってみましょう。入れたものによってちがう音がしてとても楽しいですよ。

注意 安全のために、かならずふたつ以上のふたを貼りあわせましょう。

赤ちゃんはどんなことを学ぶの？

●**識別と仕わけ**「赤のふたは赤組に、黄色のふたは黄色組」
●**細かい運動神経**「ごちゃごちゃのなかからじょうずにつかみだすことができるよ」

レインボー粘土

RAINBOW DOUGH

赤ちゃんのぷっくりまるい指が、長く細く伸びてくると、いろいろなことができるようになりますね。ぜひ、その指先をフルに使う遊びをどんどん取りいれてみましょう。粘土遊び、これは楽しいですよ。伸ばす、まるめる、こねる……、赤ちゃんの意のままに、どんどん形を変えてくれるすばらしい素材です。今日は、小麦粉を使ったカラフル粘土で遊びましょう。

必要なもの

・小麦粉　4カップ
・塩　1カップ
・水　1＋4分の3カップ
・ボウル
・赤、青、緑、黄色の食品着色料
・プラスティックナイフ、のし棒、クッキーカッター、クッキー型など

遊び方

1. ボウルに小麦粉、塩、水を入れて手でよくこねて、粘土状にします。
2. 4つにわけて、それぞれちがう色の食品着色料を数滴加えます。色がまざりあうまで、よくこねます。
3. 赤ちゃんをテーブルに向かって座らせ、4色の粘土で遊ばせましょう。
4. プラスティックのナイフやフォーク、クッキーカッター、のし棒なども使わせてあげましょう。

バリエーション　赤ちゃんの作品は、摂氏120度のオーブンで1時間以上焼いてかためましょう。オーブンから出して冷やしたら、すてきなオブジェになりますよ。

注意　赤ちゃんが粘土を食べないように注意してください。

赤ちゃんはどんなことを学ぶの？

- **原因と結果**「ひたすらコネコネコネコネってすると、こんなにきれいな粘土になるよ」
- **想像力、創造性**「粘土のひも、どこまで伸ばせるかなぁ。伸びろ伸びろ」
- **細かい運動神経**「フォークをじょうずににぎって、点々模様をいっぱいつけたよ」

トリオのなかでちがうの、ど〜れ？

SAME OR DIFFERENT?

赤ちゃんの認識力は、この時期に大きく発達します。同じもの、ちがうものを識別する基本的な能力も相当身についてきます。「トリオのなかでちがうの、ど〜れ？」は種類の同じおもちゃトリオのなかからひとつ、ちがいのあるものを見つけだすという、これまでよりちょっとレベルアップした遊びです。赤ちゃんの真剣な取りくみを応援してあげましょう。

必要なもの

- 3個組のおもちゃを3種類（各種類ふたつは同じもの、ひとつはちがうものの3個組になるように、カード、ぬいぐるみ、積み木、絵、人形などから選びましょう）
- テーブル
- 紙袋を3つ

遊 び 方

1. 各種類ごとに袋に入れます。
2. 赤ちゃんをテーブルの前に座らせ、袋をひとつわたします。
3. 袋から3つのおもちゃを取りだして、テーブルの上にならべます。
4. 「トリオのなかでちがうの、ど〜れ？」と聞いてみましょう。
わからないようならヒントを出しましょう。
5. 残りの袋も同じように遊びましょう。

バリエーション おやつの時間にクラッカー、飲みもの、チーズ、キャンデー、パン、クッキーなどを同様に3個組で入れ、ちがうものを探してみましょう。

注意 赤ちゃんに安全なものを選びましょう。

赤ちゃんはどんなことを学ぶの？

- **分別と仕わけ**「これは積み木のグループだね」
- **同じもの、ちがうものの見わけ**「積み木トリオのなかでちがうの、赤のこれだよ」

ワニの親子がジャングルで…

CROC JUNGLE WALK

赤ちゃんは、パパ、ママが全身を使って一緒に遊んでくれるのがうれしくてたまりません。今日は、ワニの親子になってジャングルをお散歩してみましょう。親ワニの背中に子ワニがのって……とまるでカメのようですが、ここはあくまでもワニの気分で。親ワニがどんな動きをするのか子ワニにはわからないというところが、おもしろさのツボです。

必要なもの

・毛布か布団
・パパ、ママの背中

遊び方

1. 床に毛布か布団を敷きます。
2. パパ、ママはその上に腹ばいに寝そべります。
3. 赤ちゃんに背中にのるようにさそいます。
4. 赤ちゃんに腹ばいになるか、またいで座るかしてもらいます。
5. ワニの親子がお散歩に出かけます。パパ、ママは赤ちゃんをのせて前進したり左右にゆれたりしながら、ジャングルの様子を話してあげましょう。
6. 時々、背中に赤ちゃんをのせたまま、横にゴロンところがってみましょう。
7. またもとの体勢にもどって、お散歩をつづけます。

バリエーション 子ワニを背中にのせて、腰を持ちあげて「へ」の字になり、傾斜をつけてみましょう。

注意 赤ちゃんをころがす時には、パパ、ママはかならず腹ばいの状態でおこないましょう。高い位置から落とさないようにします。

赤ちゃんはどんなことを学ぶの？

- **からだのバランス**「ユッサユッサゆれても落ちないよ」
- **想像力**「ジャングルのなかはすごく暑いんだよ」
- **期待感とおどろき**「そろそろゴロンするかな。ゆれが大きくなってきたな」

へんてこシューズ

SILLY SHOES

へんてこシューズ（！）を作って、歩く練習をしてみましょう。赤ちゃんのバランス感覚にみがきをかけ、運動神経の発達にも役立ちます。赤ちゃんは、世界にたったひとつのすてきなへんてこシューズを気に入ってくれるでしょうか？　パパ、ママのセンスも楽しさを左右する重要な要素になりそうです。

必要なもの

・へんてこシューズを作る材料
（紙、フェルト、合成毛皮、厚紙、発泡スチロール、プラスティック、くつ箱など）
・ガムテープ

遊び方

1. 赤ちゃんの足に、まずひとつの材料をまきつけます。
2. まきつけたらガムテープでとめましょう。
これがへんてこシューズです。
3. へんてこシューズができあがったら、
部屋のなかを歩かせてみましょう。
4. 今度はちがう材料で作ったへんてこシューズを
はかせてみましょう。
5. 部屋を歩いてみましょう。
6. いろいろなへんてこシューズを作って
ためしてみましょう。

バリエーション　赤ちゃんにもへんてこシューズ作りに参加してもらいましょう。

注意　ころんでもけがをしないように、家具やあぶないものはどけておきましょう。
歩く時に滑らないように注意してあげてください。

赤ちゃんはどんなことを学ぶの？

●**創造性**「へんてこシューズにキラキラしたかざりをつけたいな」
●**探検**「へんてこシューズをはいて足どり軽く、おうち探検に出発だ」
●**運動神経**「いつもよりいっぱい歩けるみたいだな」

ペタ・ペタ・ステッカー

STICKER FUN

探しものがだ〜い好きな赤ちゃんは、きっとこの「ペタ・ペタ・ステッカー」を気に入ってくれるでしょう。赤ちゃんのからだのあちこちに貼ったステッカーをひとつひとつ見つけてもらい、それを“赤ちゃんからだ図”の同じ部分に貼っていくという、達成感の得られる遊びです。毎回、貼るところを変えられますから、何回でも楽しめます。

必要なもの

・ステッカーを20〜30枚
・紙と鉛筆

遊び方

1. 赤ちゃんの好きそうなステッカーをたくさん用意しましょう。
2. 大きい紙に赤ちゃんのからだの輪郭を描き、顔の部分、おへそなど目印も描き入れます。
3. 赤ちゃんのからだにステッカーをたくさん貼ります。すぐわかるところにも、ちょっとかくれたところにも貼りましょう。
4. ステッカーの絵柄をひとつ呼びましょう。「お日様のステッカーどこ？」
5. 呼ばれたステッカーを赤ちゃんに、自分のからだから探させます。
6. 見つけたらはがして、赤ちゃんからだ図の同じところに貼りつけます。

バリエーション 今度はパパ、ママのからだ中に貼って、赤ちゃんに探させてみましょう。

18 to 24 months

注意 **髪には貼らないようにしてください。遊びをおわりにする時は、ステッカーを全部はがしましょう。**

赤ちゃんはどんなことを学ぶの？

● **からだの認識**「私の腕は、“赤ちゃんからだ図”のここだね」
● **細かい運動神経**「貼ったりはがしたりもじょうずになったよ」
● **ものの存在**「このステッカーと同じステッカーはこれだよ」

赤ちゃん新体操

STREAMER PARADE

この時期の赤ちゃんは、かた時もじっとしていません。もうパパ、ママはハラハラしどおしですが、ほんとうに赤ちゃんはどうしてあんなに元気がいいのでしょう。どうせ動きまわるなら、新体操で使うようなお手製の吹き流しを持たせて、吹き流しパレードをしてみましょう！　手の動かし方によって変わる、美しいラインを楽しみましょう。

必要なもの

・30センチメートルくらいの木かプラスティックの棒
・1メートルくらいのクレープペーパーかリボン（細い布でもＯＫ）
・ビニールテープ
・音楽

遊び方

1. クレープペーパーかリボン、布を1メートルくらいの長さに切ります。
2. 棒の先にビニールテープで貼りましょう。
3. 赤ちゃんに持たせて、ふらせてみましょう。
4. 大きなまるを描いたり、8の字を作ったり、ヘビにしたり、いろいろな楽しみ方ができます。
5. じょうずになったら、音楽をかけて行進してみましょう。

バリエーション　色のちがうリボンを何本かつけてみましょう。パパ、ママも作って、一緒に行進しましょう。

！注意　棒がとがっていたり、ささくれだっていないか確認しましょう。落としてもけがをしないように軽い素材にしましょう。ひもが赤ちゃんにからまないよう注意しましょう。

赤ちゃんはどんなことを学ぶの？

- **バランスとコーディネーション**「8の字描きながらでもまっすぐ歩けるよ！」
- **運動神経**「ヘビの動きもマスターしたよ、今度は波に挑戦」
- **目でものを追うスキル**「いまママはまるく動かしたね」

18 to 24 months

タッチしていいよ

TOUCH IT!

成長するにしたがって、赤ちゃんは大人から「さわっちゃだめ！」と言われる回数が増えていくのがちょっと不満です。まだじょうずに抗議できないけれど「ダメ、ダメって、そればかり言わないでよ！！」と思っているはず。たまには「さわってごらん」と言ってあげましょうか。赤ちゃんの指先に宿った好奇心を満たすことでしょう。

必要なもの

- 小さい紙袋を6個
- 触感のおもしろいものを6個
（スライム、スポンジ、コットン、鳴るおもちゃ、赤ちゃんがよく知っているおもちゃなど）

遊 び 方

1. それぞれの袋に触感のおもしろいものをひとつずつ入れます。
2. 袋の口を折って、床にならべます。
3. 赤ちゃんを連れてきます。
4. ひとつ袋を選んで口をあけます。
5. 赤ちゃんになかをのぞかせないようにして、手を袋に入れさせてみましょう。もしいやがるようなら、パパ、ママが入れてみせて安心させましょう。
6. どんな感じか聞いてみましょう。赤ちゃんはなんだかわかったでしょうか？
7. なにかわからなかったら、パパ、ママも手を入れてどんな感触がするかお話ししてみましょう。それでもわからないようなら、袋から出して見てみましょう。

バリエーション 小袋入りのお菓子やカップヨーグルトなどを袋に入れ、あたったところで今日のおやつにしましょう。

注意 入れるものは安全なものにしましょう。先がとがったものは適しません。

18 to 24 months

赤ちゃんはどんなことを学ぶの？

- **探検**「お手ての袋探検だね、これは」
- **想像力**「なんだろうな？　ゲジゲジしているから、ブラシかな？」
- **触感の探求**「今度のは、やわらかくて、押すと形がかわっていくよ」

おわりに

子育てって、手間暇かかるものなんです、ホントに。おっぱい、ミルクをあげる、おむつをかえる、お風呂に入れてあげる、体調に合わせた世話をする。パパもママも赤ちゃんとのつきあいは、そういうお世話の部分からはじまります。そうしたふれあいのなかで、ヒョッとした時に、「あ、こんなことで笑った」なんていうことがあると、それがかわいくてうれしくて……。その繰り返しです。そしてそれを繰り返していくうちに自然に遊び方もわかってくる。赤ちゃんの側からすれば、お世話してもらうことも遊んでもらうことも区別はありません。だから遊びも生活の一部としてやっていけばいいのだと思います。

——少し楽になったら楽しくなった。少し楽しくなったらまた楽になった——

子育てというのは、この繰り返しだと思うんです。実は、これは私が中学のころ、ある呪縛から抜けだすことができた時に、ノートの端に走り書きしたものなのですが、大人になってからヒョッコリとそのノートが出てきました。

「子育ても人生もこれだよな、“ラク”と“たのしい”は同じ漢字なんだけど、“ラク”と“たのしい”の行ったり来たりで、子育ても人生も豊かになっていくんだな」って思えた時に、私はたくさんのパパ、ママたちとこの言葉を深めていこうと思いました。

ぜひ、この本を手に取ったあなたも“ラク”と“たのしい”をいっぱい繰り返しながら、子育てを楽しんでほしい。「この子を育てよう」というよりは、「この子に育ててもらおう」「親として、この子に成長させてもらおう」という気持ちで毎日すごしていければいいんじゃないかなと思います。私自身もふりかえってみて「そうだよな、ラクになったんだな、ラクになったから、うんと楽しめるようになって、楽しめるようになったら、またラクになっていって、それを繰り返しながらいまの自分なんだな」と思いました。そんなわけで、ぜひ“ラク”と“たのしい”をいっぱいね。

まずは、わが子と一緒にたくさん楽しんでもらうなかで、ラクになっていくだろうし、おたがいの信頼関係や愛情が深まっていくだろうし、赤ちゃんと一緒に世界を広げていってくれたらうれしいです。

頭《とう》金《きん》 多絵

●著者　ペニー・ワーナー（Penny Warner）
特殊教育の修士号をいかして、カリフォルニア州ダイアブロバレー大学とシャボット大学で、20年にわたり児童発育を教えてきた。子育て関係の著書多数。おもな著書に『Smart Start for Your Baby』，『365 Baby Care Tips』，『Toilet Training without Tears or Trauma』，『365 Toddler Tips』など（いずれもメドーブルック・プレス刊)。カリフォルニア州ダンヴィル在住。

●監修　頭金 多絵（とうきん たえ）
親子共室「ぬくぬくだっこらんど」主宰。白梅学園大学・短期大学非常勤講師。全日本レクリエーション・リーダー会議常任委員。東京都墨田区の保育園に26年間勤務したのち、2003年秋に親子共室「ぬくぬくだっこらんど」をオープン。地域の子育てを応援するために活動中。保育誌への執筆や、つながりあそび・絵本・手作りおもちゃ・ダンスなどの実技講習会、保育・子育て支援などの研修会の講師を務める。著書に『「気持ちいい」保育、見～つけた！』（つながりあそび・うた研究所発行・ひとなる書房発売）がある。

●訳　上田 勢子（うえだ せいこ）
慶応義塾大学文学部卒業。カーメル写真芸術センター理事。 アムコーポレイションUSA代表。出版企画、翻訳、写真展企画などに従事する。 おもな訳書に『父親になったジョナサン』（大月書店）　『いざというとき役立つ子育てアイデア』（PHP研究所）など。

日本語版
構成・編集：関口 かつ美（銀穣社）
AD・装丁・DTP：金内 智子
表紙・本文イラスト：フクモトミホ
協力：高野 和恵（アムコーポレイション）

ねぇあそんでよ　赤ちゃんがよろこぶシンプル・プレイ100

平成19年9月20日　第1刷発行

著　者　ペニー・ワーナー
監修者　頭金 多絵
発行者　東島 俊一
発行所　株式会社 **法 研**
東京都中央区銀座1-10-1（〒104-8104）
販売　03（3562）7671 / 編集　03（3562）7674
http://www.sociohealth.co.jp
印刷製本　研友社印刷株式会社

SOCIO HEALTH
小社は㈱法研を核に「SOCIO HEALTH GROUP」を構成し、相互のネットワークにより、“社会保障及び健康に関する情報の社会的価値創造”を事業領域としています。その一環としての小社の出版事業にご注目ください。

ISBN978-4-87954-684-5　C0077　定価はカバーに表示してあります。
乱丁本・落丁本は小社出版事業部販売課あてにお送りください。
送料小社負担にてお取り替えいたします。